## LA NIÈVR

| N° et Nom du circuit | | durée | page |
|---|---|---|---|
| 1 | Les panoramas de Bouhy | 3 h 30 | 22 |
| 2 | Le chemin de Saint-Vincent | 3 h 20 | 24 |
| 3 | A la découverte de Donzy | 3 h | 26 |
| 4 | De Loire en vignes | 3 h 15 | 28 |
| 5 | Les Hauts de Seyr | 3 h | 30 |
| 6 | Les moulins de Champvoux | 3 h | 32 |
| 7 | Les hameaux de Parigny-les-Vaux | 3 h | 34 |
| 8 | L'étang de Villemenant | 2 h 20 | 36 |
| 9 | Les Faïenciers de Nevers | 1 h 30 | 38 |
| 10 | Saint-Etienne de Nevers | 1 h 30 | 42 |
| 11 | Le circuit de Chassy | 2 h 40 | 46 |
| 12 | Les Usages de Cigogne | 2 h 30 | 48 |
| 13 | Le sentier du Passeur | 1 h 40 | 50 |
| 14 | Le chemin des Carrières | 3 h | 52 |
| 15 | L'ancien méandre de l'Yonne | 1 h 40 | 54 |
| 16 | Les châteaux de Tannay | 2 h 20 | 56 |
| 17 | La forêt de Varzy | 3 h | 58 |
| 18 | Chapelles autour de Brinon | 4 h 30 | 60 |
| 19 | Le mont Sabot | 3 h 30 | 62 |
| 20 | Le moulin de la Claie | 3 h | 64 |

| N° et Nom du circuit | | durée | page |
|---|---|---|---|
| 21 | Le site de Compierre | 3 h | 68 |
| 22 | L'étang de Baye | 1 h 40 | 70 |
| 23 | Autour de Jailly | 3 h 30 | 72 |
| 24 | Le canal du Nivernais | 4 h 45 | 74 |
| 25 | En forêt de Prémery | 2 h 50 | 76 |
| 26 | Les mines de La Machine | 3 h 30 | 78 |
| 27 | Le mont de la Justice | 3 h | 80 |
| 28 | Le Maquis Bernard | 3 h | 82 |
| 29 | Le pont de Saulieu | 3 h | 84 |
| 30 | La chapelle du Banquet | 3 h | 86 |
| 31 | Le lac des Settons | 3 h 45 | 88 |
| 32 | Le chemin du Tacot | 2 h 20 | 90 |
| 33 | Le calvaire de Château-Chinon | 1 h 20 | 92 |
| 34 | Le prieuré de Commagny | 3 h | 94 |
| 35 | Les remparts de Bibracte | 1 h 40 | 96 |
| 36 | L'étang Boiré | 3 h | 100 |
| 37 | Entre roches et mont Beuvray | 3 h 45 | 102 |
| 38 | La Garenne de Luzy | 3 h | 104 |
| 39 | Autour de Ternant | 3 h | 106 |

### CLASSEMENT DES RANDONNÉES

Très facile — Facile — Moyen — Difficile

**Avertissement :** les renseignements fournis dans ce topo-guide sont exacts au moment de l'édition. Toutefois, certaines transformations du paysage engendrées par l'urbanisation, la création de nouvelles routes ou lignes ferroviaires, l'exploitation forestière ou agricole, etc., peuvent modifier le tracé des itinéraires. Le balisage sur le terrain devient alors l'élément prioritaire du repérage, avant la carte et le descriptif. N'hésitez pas à nous signaler les changements. Les modifications seront intégrées lors de la réédition.

Toute représentation ou reproduction, par quelque procédé que ce soit, constituerait une contrefaçon sanctionnée par les articles L. 335-2 et suivants du Code de la propriété intellectuelle.
Les extraits de cartes figurant dans cet ouvrage sont la propriété de l'Institut Géographique National. Leur reproduction dans cet ouvrage est autorisée par celui-ci.
Le tracé de l'itinéraire sur les fonds de carte IGN est la propriété de la FFRP.
Topo-guide des sentiers de Grande Randonnée®, Sentiers de Grande Randonnée®, GR®, GR® Pays, PR®, « à pied® », « les environs de… à pied® », ainsi que les signes de couleur blanc-rouge , et jaune-rouge qui balisent les sentiers sont des marques déposées.
L'utilisation sans autorisation de ces marques ferait l'objet de poursuites en contrefaçon de la part de la FFRP.

1ère édition : juillet 2003
© FFRP 2003 / ISBN 2-85699-977-8 / © IGN 2003 (fonds de carte)
Dépôt légal : juillet 2003

**Les départements de France *à pied*** ®

# La Nièvre *à pied* ®

### 39 promenades et randonnées

**Bourgogne**
Conseil régional

CONSEIL GÉNÉRAL DE LA NIÈVRE

**FF*R*P**

**F**édération **F**rançaise de la **R**andonnée **P**édestre

association reconnue d'utilité publique
14, rue Riquet
75019 PARIS

# SOMMAIRE

Le Saut du Gouloux dans le Morvan. *Photo Randonièvre.*

## INFOS PRATIQUES — p 6

- Choisir sa randonnée. Quand randonner ? Se rendre sur place.................p 6-7
- Boire, manger et dormir dans la région.................p 8
- Comment utiliser le guide ?.........................p 10-11
- Des astuces pour une bonne rando.....................p 12
- Où s'adresser ?.......................................p 15

## DÉCOUVRIR LA NIÈVRE — p 17

## LES PROMENADES ET RANDONNÉES — p 22

| | | | |
|---|---|---|---|
| p 22 | Les panoramas de Bouhy | p 68 | Le site de Compierre |
| p 24 | Le chemin de Saint-Vincent | p 70 | L'étang de Baye |
| p 26 | A la découverte de Donzy | p 72 | Autour de Jailly |
| p 28 | De Loire en vignes | p 74 | Le canal du Nivernais |
| p 30 | Les Hauts de Seyr | p 76 | En forêt de Prémery |
| p 32 | Les moulins de Champvoux | p 78 | Les mines de La Machine |
| p 34 | Les hameaux de Parigny-les Vaux | p 80 | Le mont de la Justice |
| p 36 | L'étang de Villemenant | p 82 | Le Maquis Bernard |
| p 38 | Les Faïenciers de Nevers | p 84 | Le pont de Saulieu |
| p 42 | Saint-Etienne de Nevers | p 86 | La chapelle du Banquet |
| p 46 | Le circuit de Chassy | p 88 | Le lac des Settons |
| p 48 | Les Usages de Cigogne | p 90 | Le chemin du Tacot |
| p 50 | Le sentier du Passeur | p 92 | Le calvaire de Château-Chinon |
| p 52 | Le chemin des Carrières | p 94 | Le prieuré de Commagny |
| p 54 | L'ancien méandre de l'Yonne | p 96 | Les remparts de Bibracte |
| p 56 | Les châteaux de Tannay | p 100 | L'étang Boiré |
| p 58 | La forêt de Varzy | p 102 | Entre roches et mont Beuvray |
| p 60 | Chapelles autour de Brinon | p 104 | La Garenne de Luzy |
| p 62 | Le mont Sabot | p 106 | Autour de Ternant |
| p 64 | Le moulin de la Claie | | |

## BIBLIOGRAPHIE ET CARTOGRAPHIE — p 109

## INDEX DES NOMS DE LIEUX — p 112

## INFOS PRATIQUES

### Choisir sa randonnée

*Les randonnées sont classées par ordre de difficulté.*

*Elles sont différenciées par des couleurs dans la fiche pratique de chaque circuit.*

**très facile**   Moins de 2 heures de marche.
Idéale à faire en famille, sur des chemins bien tracés.

**facile**   Moins de 3 heures de marche.
Peut être faite en famille. Sur des chemins, avec quelquefois des passages moins faciles.

**moyen**   Moins de 4 heures de marche.
Pour randonneur habitué à la marche. Avec quelquefois des endroits assez sportifs ou des dénivelées.

**difficile**   Plus de 4 heures de marche.
Pour randonneur expérimenté et sportif. L'itinéraire est long ou difficile (dénivelée, passages délicats), ou les deux à la fois.

### *Durée de la randonnée*

La durée de chaque circuit est donnée à titre indicatif. Elle tient compte de la longueur de la randonnée, des dénivelées et des éventuelles difficultés.

Pas de complexe à avoir pour ceux qui marchent à «deux à l'heure» avec le dernier bambin, en photographiant les fleurs.

**INFOS PRATIQUES**

# Quand randonner ?

■ **Automne-hiver :** les forêts sont somptueuses en automne, les champignons sont au rendez-vous (leur cueillette est réglementée), et déjà les grandes vagues d'oiseaux migrateurs animent les eaux glacées.

■ **Printemps-été :** suivant les altitudes et les régions, les mille coloris des fleurs animent les parcs et les jardins, les bords des chemins et les champs.

■ Les journées longues de l'été permettent les grandes randonnées, mais attention au coup de chaleur. Il faut boire beaucoup d'eau.

■ En période de chasse, certaines randonnées sont déconseillées, voire interdites. Se renseigner en mairie.

*Avant de partir, il est recommandé de s'informer sur le temps prévu pour la journée,*
*en téléphonant à Météo France : 32 50,*
*ou sur Internet : www.meteo.fr*

# Pour se rendre sur place

## En voiture

Tous les points de départ sont facilement accessibles par la route.
Un parking est situé à proximité du départ de chaque randonnée.
Ne laissez pas d'objet apparent dans votre véhicule.

**INFOS PRATIQUES**

### Par les transports en commun

■ Pour les dessertes SNCF, les horaires sont à consulter dans les gares ou par tél. au 08 92 35 35 35, sur Minitel au 3615 SNCF ou sur Internet : www.sncf.com

■ Pour se déplacer en car, se renseigner auprès des offices de tourisme et syndicats d'initiative.

## Où manger et dormir dans la région ?

### Un pique-nique sur place ?
Chez l'épicier du village, le boulanger ou le boucher, mille et une occasions de découvrir les produits locaux.

### Pour découvrir un village ?
Des terrasses sympathiques où souffler et prendre un verre.

### Une petite faim ?
Les restaurants proposent souvent des menus du terroir. Les tables d'hôtes et les fermes-auberges racontent dans votre assiette les spécialités du coin.

### Une envie de rester plus longtemps ?
De nombreuses possibilités d'hébergement existent dans la région.

**INFOS PRATIQUES**

*A la terrasse d'un bon coin, après la randonnée*

## Boire, manger et dormir dans la région ?

| | ALIMENTATION | RESTAURANT | CAFÉ | HEBERGEMENT |
|---|:---:|:---:|:---:|:---:|
| Alligny-en-Morvan | X | X | | X |
| Alluy | X | X | X | X |
| Baye (Bazolles / La Collancelle) | X | X | X | X |
| Bouhy | | X | X | X |
| Brinon-sur-Beuvron | X | X | X | X |
| Chasnay | | | X | |
| Château-Chinon | X | X | X | X |
| Chaulgnes | X | X | X | X |
| Corbigny | X | X | X | X |
| Donzy | X | X | X | X |
| Dun-les-Places | X | X | X | X |
| Fermeté (La) | | | X | |
| Gimouille | | X | X | X |
| Glux-en-Glenne | | X | X | X |
| Larochemillay | X | X | X | X |
| Lormes | X | X | X | X |
| Luzy | X | X | X | X |
| Machine (La) | X | X | X | X |
| Montsauche-les-Settons | X | X | X | X |
| Moulins-Engilbert | X | X | X | X |
| Nevers | X | X | X | X |
| Ouroux-en-Morvan | X | X | X | X |
| Parigny-les-Vaux | | | X | X |
| Pouilly-sur-Loire | X | X | X | X |
| Prémery | X | X | X | X |
| Sainte-Marie | | | | X |
| Saint-Honoré-les-Bains | X | X | X | X |
| Saint-Père | | | X | X |
| Saint-Pierre-le-Moûtier | X | X | X | X |
| Saint-Révérien | X | X | | |
| Sauvigny-les-Bois | X | X | X | X |
| Tannay | X | X | X | X |
| Ternant | X | X | X | |
| Urzy | | X | | X |
| Varzy | X | X | X | X |

# COMMENT UTILISER LE GUIDE ?

*La randonnée est reportée en rouge sur la carte IGN*

*Rivière*

*Village*

*La forêt (en vert)*

## La fabrication de l'ocre

Le minerai brut d'extraction doit être lavé pour séparer l'ocre marchande des sables inertes. L'eau délaie la matière brute qui décante pendant le trajet pour ne laisser subsister que de l'ocre pur que le courant emporte dans les bassins. Après plusieurs jours de repos dans les bassins, l'eau de surface ne contient plus d'ocre. La couche d'ocre déposée au fond peut atteindre 70 à 80 cm d'épaisseur. Encore à l'état pâteux, la surface de l'ocre est griffée à l'aide d'un carrelet. Elle est ensuite découpée à la bêche et entassée en murs réguliers où les briquettes d'ocre achèvent de sécher. Le matériau part ensuite pour l'usine où s'achèvera son cycle de préparation : broyage, blutage et cuisson.

*Colorado provençal. Photo D. G.*

52

*Pour en savoir plus*

## Fiche pratique

**Nom et Numéro de la randonnée**

**Pour se rendre sur place**

> **3 h** ← Temps de marche à pied
> **9 Km** ← Longueur

**Classement de la randonnée :**

- 🟩 Très facile
- 🟥 Moyen
- 🟦 Facile
- 🟦 Difficile

572m /\ 345m  Point le plus haut / Point le plus bas

🅿️ Parking

Balisage des sentiers *(voir page 13)*

⚠️ Attention

Prévoir des jumelles

Prévoir une lampe de poche

Emporter de l'eau

Sites et curiosités à ne pas manquer en chemin

Autres découvertes à faire dans la région

---

## Le Sentier des Ocres

**Fiche pratique 17**

**3 h** / **9 Km** — 572m / 345m

Cet itinéraire présente le double avantage d'une découverte à la fois panoramique et intime des ocres.

❶ Du parking, emprunter la route vers l'Est.

❷ Dans le prochain virage à gauche, prendre à droite l'ancien chemin de Rustrel à Viens qui descend vers la Doa. Franchir le torrent. Passer à côté d'un cabanon en ruine. Un peu plus haut, le chemin surplombe un cirque de sables ocreux.

❸ Laisser le GR° 6 à gauche. Plus haut le chemin surplombe le ravin de Barries et le moulin du même nom. En haut du vallon de Barries, prendre à gauche une route.

❹ Au carrefour suivant, tourner à droite.

❺ Après une petite ferme entourée de cèdres et de cyprès, prendre à droite le chemin qui parcourt le rebord du plateau.

❻ Après une courte descente, prendre à droite. Suivre le haut du ravin des Gourgues. Ne pas prendre le prochain sentier sur la gauche. A la bifurcation suivante, prendre à gauche le sentier à peu près horizontal qui s'oriente vers l'Ouest. Un peu plus loin, longer une très longue bande de terre cultivée. Se diriger vers la colline de la Croix de Cristol.

❼ Au pied de celle-ci, prendre à droite le sentier qui descend vers Istrane. Il s'agit de l'ancien chemin de Caseneuve à Rustrel. Une éclaircie ouvre des points de vue sur les pentes ravinées de Couvin, sur la chapelle de Notre-Dame-des-Anges et sur Saint-Saturnin-lès-Apt. Au fur et à mesure de la descente, la végétation change de physionomie pour laisser place à des espèces qui affectionnent les terrains sableux. Franchir la Doa et remonter la route jusqu'à Istrane.

❽ Au croisement, prendre à droite l'ancien chemin de la poste. Passer à proximité d'une ancienne usine de conditionnement de l'ocre, puis à côté de Bouvène. Avant de regagner le point de départ, on peut remarquer le site des Cheminées de Fées (*colonnes de sables ocreux protégées par des blocs de grès*).

**Situation :** Rustrel sur la D 22 à 13 km au Nord-Est d'Apt

🅿️ **Parking** communal de Rustrel

**Balisage**
❶ à ❸ blanc-rouge
❸ à ❶ jaune

⚠️ **Difficulté particulière**
■ passages raides dans la descente sur Istrane

*Ne pas oublier*

### À voir

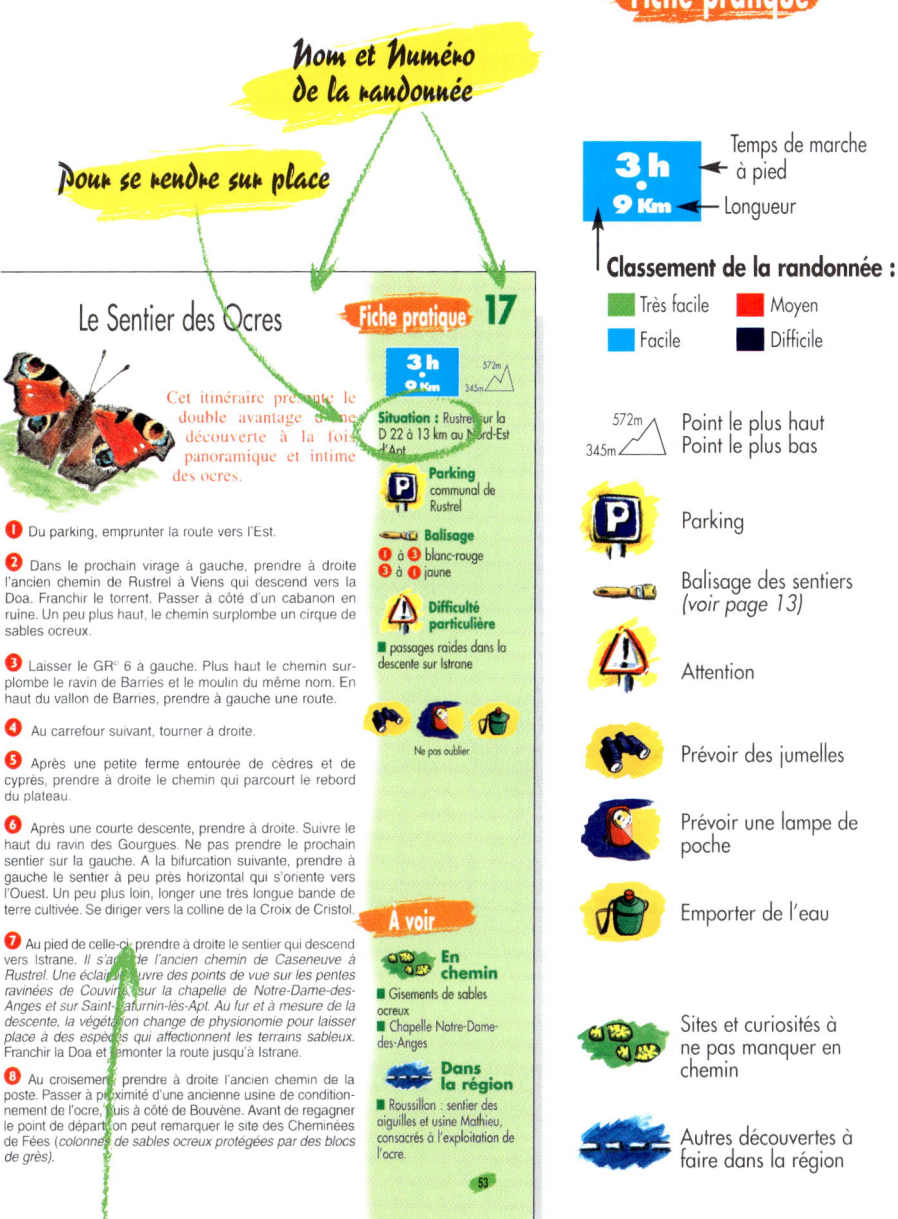

**En chemin**
■ Gisements de sables ocreux
■ Chapelle Notre-Dame-des-Anges

**Dans la région**
■ Roussillon : sentier des aiguilles et usine Mathieu, consacrés à l'exploitation de l'ocre.

53

**Description précise de la randonnée**

11

**INFOS PRATIQUES**

## Des astuces pour une bonne rando

■ Prenez un petit sac pour y mettre la gourde d'eau, le pique-nique et quelques aliments énergétiques pour le goûter.
Le temps peut changer très vite lors d'une courte randonnée. Un coupe-vent léger ou un vêtement chaud et imperméable sont conseillés suivant les régions.
En été, pensez aux lunettes de soleil, à la crème solaire et au chapeau.

■ La chaussure est l'outil premier du randonneur. Elle doit tenir la cheville. Choisissez la légère pour les petites randonnées. Si la rando est plus longue, prévoyez de bonnes chaussettes.

■ Mettre dans votre sac à dos l'un de ces nouveaux petits guides sur la nature qui animera la randonnée. Ils sont légers et peu coûteux. Pour reconnaître facilement les orchidées sauvages et les différentes fougères. Cela évite de marcher n'importe où et d'écraser des espèces rares ou protégées.

■ Pour garder les souvenirs de la randonnée, des fleurs et des papillons, rien de tel qu'un appareil photo.

■ Les barrières et les clôtures servent à protéger les troupeaux ou les cultures. Une barrière ouverte sera refermée.

■ Les chiens sont tenus en laisse. Ils sont interdits dans les parcs nationaux et certaines zones protégées.

# SUIVEZ LE BALISAGE POUR RESTER SUR LE BON CHEMIN.

| LE BALISAGE DES SENTIERS | PR® | GR® | GRP® |
|---|---|---|---|
| Bonne direction | | | |
| Tourner à gauche | | | |
| Tourner à droite | | | |
| Mauvaise direction | | | |

© FFRP - Reproduction interdite

Vous pourrez rencontrer d'autres couleurs de balisage sur le terrain. Elles sont indiquées dans la fiche pratique de chaque circuit.

PR LE CHATEAU 2h

Topo-guide des sentiers de Grande randonnée®, sentiers de Grande randonnée®, GR®, GR® Pays, PR®, «... à pied», « les environs de .... à pied » » ainsi que les signes de couleur blanc/rouge et jaune/rouge sont des marques déposées par la FFRP. Nul ne peut les utiliser sans l'autorisation de la FFRP.

# La randonnée : une passion FFRP !

Des sorties-randos accompagnées, pour tous les niveaux, sur une journée ou un week-end : plus de 2600 associations sont ouvertes à tous, dans toute la France.

Un grand mouvement pour promouvoir et entretenir les 180 000 km de sentiers balisés. Vous pouvez vous aussi vous impliquer dans votre département.

Des stages de formations d'animateurs de randonnées, de responsables d'association ou encore de baliseurs, organisés toute l'année.

Une garantie de sécurité pour randonner bien assuré, en toute sérénité, individuellement ou en groupe, grâce à la licence FFRP ou à la RandoCarte.

Pour connaître l'adresse du Comité de votre département, pour tout savoir sur l'actualité de la randonnée et découvrir la collection des topo-guides :

**www.ffrp.asso.fr**

**Centre d'Information de la FFRP**
14, rue Riquet  75019 Paris - Tél : 01 44 89 93 93
Ouvert du lundi au samedi de 10h à 18h.

**INFOS PRATIQUES**

# Où s'adresser ?

## ■ *Comité régional du Tourisme (CRT)*

Le Comité Régional de Tourisme publie des brochures d'informations touristiques (gratuites) sur la région :
• CRT de Bourgogne, tél. 03 80 28 02 80, Internet : www.bourgogne-tourisme.com

## ■ *Comité départemental du Tourisme (CDT)*

Le CDT Nièvre édite des brochures sur le patrimoine, les loisirs, les fêtes et manifestations et l'hébergement :
• CDT Nièvre, 3 rue du Sort, 58000 Nevers, tél. 03 86 36 39 80,
Internet : www.nievre-tourisme.com
• Randonièvre
Randonièvre édite des guides de randonnée pour la randonnée sous toutes ses formes : à pied, à cheval, à vélo ou VTT et canoë-kayak
Randonièvre, 31 bis rue de la Préfecture, BP 413, 58004 Nevers Cedex,
Tél : 03 86 36 92 98, Internet : www.nievre-sur-mesure.com

## ■ *Offices de tourisme*

- Nevers, tél. 03 86 68 46 00
- Château-Chinon, tél. 03 86 85 06 58
- Clamecy, tél. 03 86 27 02 51
- Corbigny, tél. 03 86 20 02 53
- Cosne-sur-Loire, tél. 03 86 28 11 85
- Decize, tél. 03 86 25 27 23
- Donzy, tél. 03 86 39 45 29
- La Charité-sur-Loire, tél. 03 86 70 15 06
- Lormes, tél. 03 86 22 82 74
- Maison du Bazois, tél. 03 86 84 05 66
- Montsauche-les-Settons, tél. 03 86 84 55 90
- Pouilly-sur-Loire, tél. 03 86 39 03 75
- Saint-Honoré-les-Bains, tél. 03 86 30 71 70
- Saint-Pierre-le-Moûtier, tél. 03 86 37 21 25

## ■ *La Fédération Française de la Randonnée Pédestre (FFRP)*

• Le Centre d'Information de la FFRP
*Pour tous renseignements sur la randonnée pédestre en France et sur les activités de la FFRP.*
14, rue Riquet, 75019 Paris, tél. 01 44 89 93 93, fax 01 40 35 85 67,
e-mail : info@ffrp.asso.fr, internet : www.ffrp.asso.fr.
• Le Comité départemental de la Randonnée Pédestre de la Nièvre (CDRP)
Permanence à Randonièvre du lundi au vendredi, tél : 03 86 36 92 98
Secrétariat CDRP : 11, rue Roger Salengro, 58640 Varennes-Vauzelles,
tél : 03 86 59 09 44

## ■ *Divers*

• Logis de France du Nivernais-Morvan, tél. 03 86 59 36 42.
• Gîtes de France de la Nièvre, tél. 03 86 36 42 39.
• Service de Réservation Loisirs-Accueil de la Nièvre, tél. 03 86 59 14 22.
• Parc Naturel Régional du Morvan, tél. 03 86 78 79 00.
• Pays d'Accueil Touristique Canal du Nivernais, tél : 03 86 84 05 66.

# RESPIREZ, c'est la NIEVRE.

**à la découverte de la Nièvre**
PLEINE NATURE

Entre Loire et Morvan, à deux heures de Paris, le département de la Nièvre offre aux amateurs de pleine nature, à travers des paysages diversifiés, son vaste réseau de sentiers, cours d'eau, lacs, étangs, forêts et canaux. Le temps d'un week-end, d'une semaine ou davantage, la Nièvre se découvre à pied, à vélo, à VTT, à cheval ou en canoë. Son aspect vert et naturel, le charme de ses villes et villages et le sens de l'accueil de ses habitants, font de la Nièvre un département où il fait bon vivre. Des documentations sur toutes les formes de randonnée (guides de randonnée, cartes IGN...) mais aussi des idées de vacances vivifiantes et enrichissantes, allant du séjour en liberté au séjour organisé, voire accompagné, sont à votre disposition.

Nom : ..............................
Prénom : ............................
Adresse : ..................................
..............................................................

☐ Souhaite recevoir des documentations sur les activités de randonnée et de pleine nature dans la Nièvre.
☐ Autres : .......................................................
..............................................................

Randonièvre
31 bis rue de la Préfecture
BP 413 58004 Nevers cedex
Tél:03.86.36.92.98/Fax: 03.86.36.00.30
e-mail:rando58@club-internet.fr
internet:www.nievre-sur-mesure.com

# *Découvrir la Nièvre*

**Nièvre, terre de contrastes**

Le département de la Nièvre se rattache par ses parties centrales et occidentales au sud du Bassin Parisien alors que sa partie orientale se rattache au nord-est du Massif Central. Il constitue une zone de contact entre ces deux grandes régions naturelles françaises, d'où la variété de son relief, de sa végétation et de ses ressources.

Paysage du Morvan. *Photo A.M./PNRM.*

Il est d'usage de diviser la Nièvre en quatre grandes régions naturelles.
Le Morvan, à l'est, est une zone montagneuse d'altitude moyenne variant de 400 à 700 m avec quelques points culminants comme le mont Preneley (855 m). C'est une région accidentée avec des vallées profondes dans lesquelles coulent ruisseaux et torrents. Couvert de forêts entourant de nombreux lacs et étangs, le Morvan présente aussi un caractère bocager par les haies qui cloisonnent les champs et les prés.
Au centre, entre les dépressions du Donziais et du Bazois, le Nivernais présente un caractère diversifié : larges vallonnements bocagers couverts de bois, de prairies entrecoupées de cultures. Sur la bordure ouest, les coteaux de la Loire produisent les vins renommés de Pouilly-sur-Loire.
Au nord-ouest, le plateau de Puisaye au relief peu accentué et entrecoupé de vallées plus ou moins larges, se compose de forêts, étangs, prairies et surtout terres labourables séparées par des haies vives.
Au sud, le pays d'entre Loire et Allier ou Sologne bourbonnaise est un plateau de faible altitude au centre ; ses riches prairies en font une grande région d'élevage.

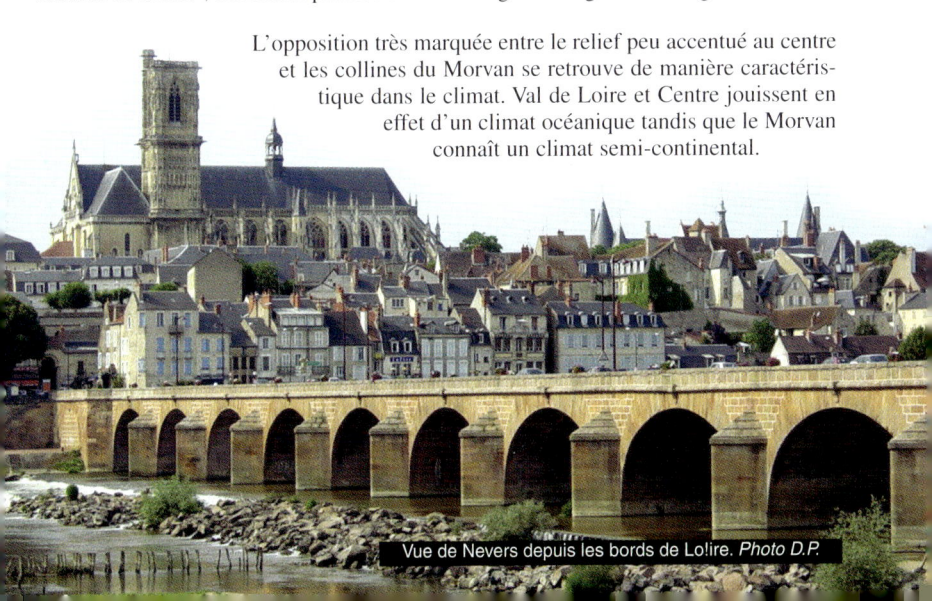

L'opposition très marquée entre le relief peu accentué au centre et les collines du Morvan se retrouve de manière caractéristique dans le climat. Val de Loire et Centre jouissent en effet d'un climat océanique tandis que le Morvan connaît un climat semi-continental.

Vue de Nevers depuis les bords de Loire. *Photo D.P.*

## Vert pays des eaux vives

La Nièvre possède un système hydrographique important. Le bassin de la Seine regroupe les rivières du Morvan : l'Yonne et la Cure, rivières torrentueuses et irrégulières dont le cours a dû être régularisé par des barrages-réservoirs, comme celui de Pannecière sur l'Yonne, des Settons sur la Cure, de Chaumeçon sur le Chalaux. Ces retenues d'eau sont utilisées pour les sports nautiques et le tourisme. Les rivières du Morvan ont également servi pendant des siècles au flottage du bois pour l'approvisionnement de Paris.

La Loire et l'Allier demeurent, dans leur traversée de la Nièvre, des fleuves sauvages au lit irrégulier. Ces fleuves ont servi de tout temps à la navigation, et la marine de Loire a connu ses heures de gloire aux 17e et 18e siècles, car de Decize à l'Atlantique ce fleuve fut la grande voie de communication pour les hommes et les marchandises.

*Pêche en eau vive. Photo Randonièvre.*

La Nièvre possède également deux canaux importants : le canal du Nivernais qui réunit le bassin de la Seine au bassin de la Loire, et le canal latéral à la Loire. Ils sont devenus un atout remarquable pour le développement du tourisme.

Enfin, un nombre considérable d'étangs parsème le territoire. De superficies diverses, certains, comme les étangs de Vaux et de Baye, sont utilisés pour les loisirs, tandis que d'autres sont réservés à des activités plus spécifiquement piscicoles et cynégétiques.

## Une faune et une flore diversifiées

La vallée de la Loire et celle de l'Allier constituent les écosystèmes les plus originaux de la région. Les bancs de sable, îlots et grèves sableuses qui constituent le lit du fleuve et les pelouses, prairies inondables, bosquets de saules, peupliers noirs et chênes pédonculés sur les rives, accueillent de nombreuses variétés d'oiseaux : grand cormoran, poule d'eau, petit gravelot, martin-pêcheur, hirondelle de rivage, héron cendré, sans compter les oiseaux migrateurs. Ces mêmes rives sont creusées par les lapins, ragondins, castors et autres rongeurs.

La forêt occupe environ un tiers de la surface du département. Chênes, hêtres et charmes sont les espèces les plus répandues. Elle est le territoire des grands animaux tels les cerfs, chevreuils et sangliers, mais aussi des petits tels le renard, la martre, l'écureuil, le campagnol. La chouette hulotte, la pie et le

*Castor. Dessin P.R.*

geai sont les oiseaux les plus fréquents.
Le bocage est particulièrement typique du Nivernais central. Les haies sont constituées de noisetiers, pruneliers, sureaux, aubépines, ronces, clématites et charmes. Elles sont le refuge de petits rongeurs et de nombreux oiseaux : fauvettes, tarier-pâtre, pie-grièche, merle, huppe, tourterelle.
Enfin étangs, tourbières et cours d'eau sont présents dans toute la région. L'aulne est l'arbre dominant. Une multitude de plantes y poussent : sphaigne, callune, molinie. Oiseaux et insectes y trouvent nourriture et abris.

*Tarier pâtre. Dessin P.R.*

*Sphaigne du Morvan. Photo E.F./PNRM.*

### Une histoire mouvementée

Le peuplement du département de la Nièvre est très ancien : des traces de l'époque paléolithique se retrouvent lors de fouilles.
A l'Age du Bronze, il est occupé par les Ligures qui sont ensuite absorbés par les Celtes.
Le peuple éduen occupe la majorité du pays. Sa capitale est Bibracte sur le mont-Beuvray. Le territoire est ensuite conquis par les Romains et la " paix romaine " s'installe pour plusieurs siècles. Il subit au 4e et 5e siècles les invasions burgondes, puis franques.
Au 6e siècle, un évêché est créé à Nevers. A la fin du 10e siècle, c'est un comté indépendant et héréditaire qui apparaît, dont Nevers est la capitale. Les héritages et les mariages modifient son étendue. Il passe successivement à de grandes maisons : Bourbons, Bourgogne, Flandre, France, Clèves.
En 1538, le Comté de Nevers est érigé en duché-prairie du Nivernais, et revient par mariage à la famille de Gonzague qui va s'employer à développer les arts.
En 1659, le duché est vendu à Mazarin. Jusqu'à la Révolution, le Nivernais restera la possession des Mazarini-Mancini et sera la seule province à ne

*Le mont Beuvray depuis Larochemillay. Photo A.M./PNRM*

pas être rattachée au domaine royal. La Révolution française est marquée par la présence de Fouché. Le département est créé en reprenant à peu près les limites de l'ancien duché.
Le 19e siècle est marqué par le développement et l'apogée du département sur le plan démographique et industriel.

**Un riche patrimoine…**

La Nièvre conserve la trace de son histoire par ses nombreux châteaux édifiés entre le 13e et le 19e siècles.
De même, tous les styles de l'architecture religieuse y sont représentés. Particulièrement à Nevers où ce patrimoine s'étend des restes d'un baptistère du 6e siècle à l'église Sainte-Bernadette-du-Banlay, due à l'architecture Claude Parent, consacrée en 1966, en passant par ce joyau de l'art roman qu'est l'église Saint-Etienne, par cette singulière cathédrale à deux absides (l'une romane, l'autre gothique), et aux vitraux contemporains, et à ce chef-d'œuvre de l'art baroque qu'est la chapelle Sainte-Marie.
Nevers voit chaque année des centaines de milliers de pèlerins visiter la châsse de Sainte-Bernadette.

Porte du Croux à Nevers. *Photo P.L.*

L'artisanat d'art a acquis depuis longtemps ses lettres de noblesse dans la Nièvre.
C'est en effet en 1565 que les Gonzague s'installent à Nevers et font venir des faïenciers et des verriers italiens qui vont faire souche. Et si les verres filés ou verres émaillés ne sont plus actuellement visibles que dans les musées, la faïence de Nevers et son célèbre bleu est toujours produite par plusieurs faïenciers qui maintiennent une tradition ininterrompue depuis plus de quatre siècles. La faïence est également présente à Clamecy grâce à la famille Colas dont est issu le célèbre navigateur disparu en 1978.
En Puisaye, une autre tradition ancienne, celle de la poterie, est toujours vivante, même si le grès décoratif a remplacé le grès utilitaire.

L'Echauguette à Nevers.
*Photo P.L.*

Le Négus et la Nougatine de Nevers, spécialités neversoises. *Photo P.L.*

La Nièvre a vu naître ou séjourner de grands écrivains, tels Claude Tillier (1801-1844), Jules Renard (1864-1910), Romain Rolland (1866-1944), Henri Bachelin (1879-1944), Jean Genet (1910-1986). Des peintres parmi les plus grands ont aimé ses paysages et s'en sont inspirés : Corot, Rosa Bonheur, Harpignies, Jongkind, Lhote, Balthus, sans compter les nombreux peintres régionaux.

La musique traditionnelle a été recueillie par le poète et folkloriste Achille Millien à la fin du 19e siècle. Elle demeure une tradition bien vivante perpétuée par de nombreux groupes.

La tradition gastronomique n'est pas des moindres : les coteaux de la Loire produisent les crus de Pouilly-sur-Loire, les coteaux du Giennois, des coteaux charitois et des vins de l'Yonne, le Tannay. Les élevages charolais nombreux dans la région produisent une viande de grande qualité.

Nevers s'enorgueillit de ses confiseries succulentes parmi lesquelles les nougatines et le négus sont les plus réputées.

Enfin, chaque année, en juin ou juillet, et ce depuis 1991, toute la région vit au rythme du Grand Prix de Formule 1, organisé sur le circuit de Nevers-Magny-Cours, site prestigieux des sports mécaniques depuis un demi-siècle.

■ Jean-Louis BALLERET

Circuit de Nevers-Magny-Cours. *Photo L.B./CDT Nièvre.*

## Le grès de Puisaye

Terre de bocages et de forêts, la Puisaye favorise dès le 15e siècle le développement d'une activité potière grâce à la qualité et l'abondance de son argile noire. Essentiellement utilitaire, sa production couvre tous les besoins domestiques. Certains récipients permettant le travail du lait, tels les faisselles ou les pots à lait, sont ainsi créés à la demande des régions laitières desservies par la Marine de Loire.

Le grès brut de Puisaye est obtenu par une vitrification partielle de l'argile (1 250°C). Sa particularité réside en sa couleur brune un peu rougeâtre, produite par les éclaboussures de coups de flammes.

A partir du 16e siècle, la poterie devient décorative avec l'apparition du grès bleu, puis se renouvelle au 19e siècle avec le grès japonisant du sculpteur Carriès.

Grès de Puisaye, bouteille 17e.
Photo E.D./Sce du Patrimoine et des Musées, CG 58.

# Les panoramas de Bouhy

**Fiche pratique** 1

**3 h 30 — 14 Km**

355 m / 243 m

Culminant à 355 m d'altitude, Bouhy offre une vue dominante sur la Forterre, pays agrémenté d'un patrimoine religieux omniprésent…

**Situation** Bouhy, à 75 km au Nord de Nevers par les A77 (sortie n° 22) et D 14

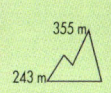

**Parking** champ de foire (château d'eau)

**Balisage** trait jaune et rond bleu

❶ Du champ de foire, prendre la rue à gauche entre les maisons en direction des ruines du moulin au Job. Continuer tout droit par le chemin en laissant les ruines à gauche. En bas, poursuivre par la route sur 250 m.

Anémone Sylvie.
Dessin N.L.

❷ Emprunter le chemin à gauche sur 2 km en ignorant les chemins transversaux et atteindre une croisée de chemins avant le hameau de La Forêt.

❸ Prendre le chemin à gauche, couper la route, poursuivre par le chemin en face, puis emprunter la D 957 à droite sur 50 m.

❹ S'engager sur le chemin à gauche. Il longe les ruines du moulin Neuf. Continuer toujours tout droit en laissant le hameau de Cesseigne à droite.

❺ Au croisement, emprunter à gauche le chemin de Jules César *(ancienne voie romaine allant de Gien à Autun)* et progresser tout droit. Couper la D 14 et continuer par le chemin en face. Au carrefour du calvaire, ignorer les routes et poursuivre par le chemin en face sur 50 m.

❻ A la fourche, partir à gauche, puis emprunter la route qui conduit à Bois Pille à gauche. A l'entrée du hameau, s'engager sur le chemin à droite. Il descend vers Dampierre-sous-Bouhy.

❼ Avant les premières maisons, virer à gauche en angle aigu et poursuivre tout droit par le chemin qui mène à Bouhy *(vue sur la vallée de Brot)*. Après le cimetière, rejoindre à droite la place de l'Eglise-Saint-Pèlerin. Prendre la rue à droite pour retrouver le champ de foire.

Ne pas oublier

## À voir

**En chemin**
- Bouhy : moulin au Job
- ruines du moulin Neuf
- vallée de Brot
- église Saint-Pèlerin

**Dans la région**
- Saint-Amand-en-Puisaye : château de Saint-Amand 16e (musée du Grès), faubourg des Poteries, circuit autour de la poterie (artisans), étang de la Forge (pêche)
- Saint-Vérain : église cistercienne (vitrail 13e), ruines de la cité féodale (donjon 12e)

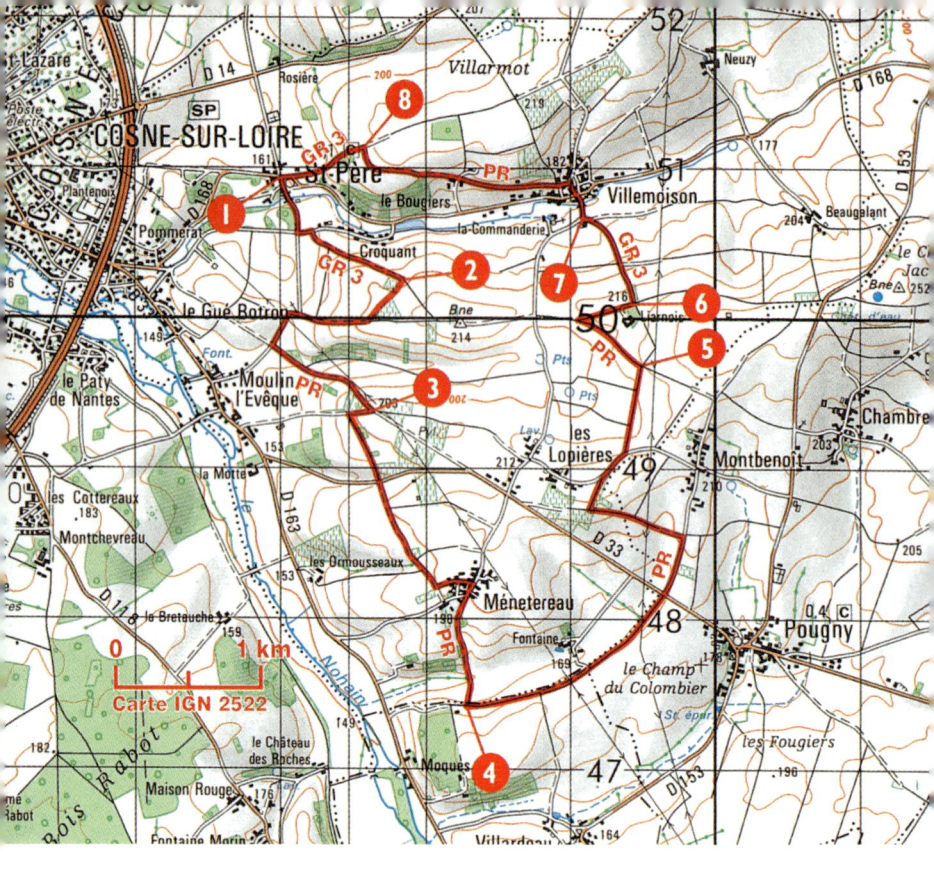

## La Commanderie de Villemoison

C'est un monument unique dans la région, tant par son histoire que par son architecture.

Ses trois bâtiments qui subsistent du 12e siècle témoignent de l'implantation de l'Ordre des Templiers dans la Nièvre, et de leur rôle dans l'accueil des pèlerins de Saint-Jacques-de-Compostelle.

Malgré son remaniement au 16e siècle, le Logis du Commandeur et des Chevaliers conserve une façade du 12e siècle construite en pierre de taille du pays et ornée de fenêtres à lucarne surmontées d'une coquille Saint-Jacques. Le bâtiment fut agrémenté au 14e siècle d'une tour carrée et d'une aile par l'ordre des Hospitaliers (Ordre de Malte). Dans la cour, s'élève une chapelle romane dont le chœur voûté en cul-de-four est orné d'une fresque du 13e siècle représentant le Christ en Gloire.

Commanderie de Villemoison *Photo Camosine*.

# Le chemin de Saint-Vincent — Fiche pratique 2

**3 h 20 — 13 Km**

224 m / 159 m

Une randonnée au cœur des vignes des coteaux du Giennois, sous l'égide de saint Vincent, le saint patron des vignerons… Une halte s'impose à la commanderie des Templiers de Villemoison.

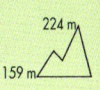

Busard cendré. *Dessin P.R.*

**Situation** Saint-Père, à 55 km au Nord-Ouest de Nevers par l'A 77 (sortie n° 22)

**Parking** église

**Balisage**
- ❶ à ❷ blanc-rouge
- ❷ à ❻ jaune (*signalétique feuille de vigne et grappe de raisin*)
- ❻ à ❼ blanc-rouge
- ❼ à ❽ jaune (*signalétique feuille de vigne et grappe de raisin*)
- ❽ à ❶ blanc-rouge

❶ De l'église, prendre la route au Sud. Au carrefour, tourner à gauche, puis s'engager sur le chemin à droite qui monte sur le coteau.

❷ A l'intersection, tourner à droite, longer les vignes (*vue sur la vallée de la Loire et les coteaux du Sancerrois*) et descendre à droite vers la route. Laisser la croix Bernard à droite et continuer jusqu'au pont de pierre. Se diriger à gauche sur 250 m, puis monter à gauche jusqu'au sommet de la butte.

❸ Descendre par la route à droite sur 200 m, puis partir à gauche. Traverser la D 33 et continuer par le chemin en face vers Ménetereau. A l'entrée du village, virer à gauche et gagner une petite place avec un puits. Tourner à droite. A la fourche, descendre par le chemin de terre à gauche, sur 1 km.

❹ Prendre le chemin transversal à gauche, couper la D 33 et continuer en face. A la croix, s'engager sur le chemin de terre à gauche. A l'intersection, suivre le chemin à droite et longer la vigne. Emprunter la route à droite sur 200 m, puis le chemin à gauche sur 600 m.

❺ Au croisement, descendre par le chemin à gauche, puis obliquer à droite en angle aigu et laisser le manoir du Liarnois à droite.

❻ Suivre la route à gauche jusqu'à l'entrée du village.

❼ Laisser la commanderie de Villemoison à gauche, passer le pont et rejoindre le carrefour. Traverser la D 168, la longer à gauche sur quelques mètres, monter à droite dans le village, puis suivre à gauche la route des Bougiers. Passer le hameau et arriver à un croisement (*panorama sur les collines du Loiret et les coteaux du Sancerrois*).

❽ Descendre par le chemin à gauche et regagner Saint-Père.

## À voir

### En chemin

- Saint-Père : église Saint-Pierre 15e
- vignes des coteaux du Giennois
- manoir du Liarnois
- commanderie de Villemoison : chapelle 12e (s'adresser à l'OTSI de Cosne pour la visite)
- vue sur la vallée de la Loire, les coteaux du Sancerrois et les collines du Loiret

### Dans la région

- Cosne-sur-Loire : musée de la Loire, musée du Facteur, église Saint-Jacques, église Saint-Agnan, maison des Chapelains (musée archéologique)
- vallée de la Loire

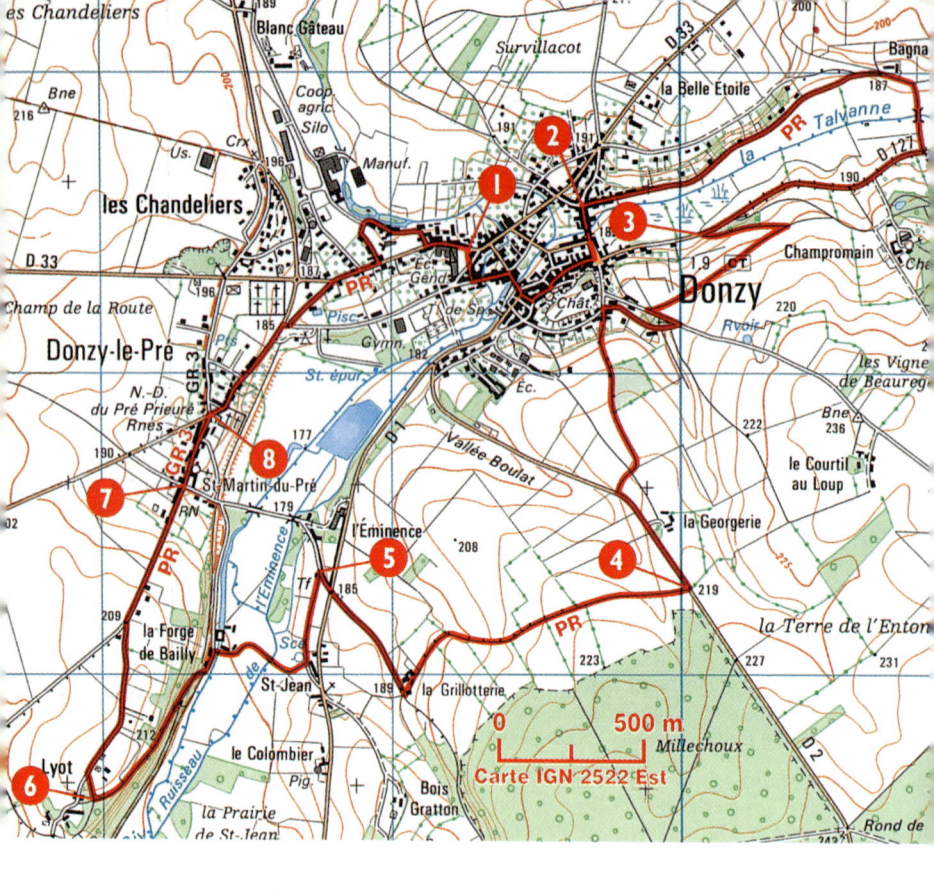

## La meunerie en Donziais

En plein bourg de Donzy, sur la rivière du Nohain, se trouve l'un des derniers moulins du Donziais à avoir subsisté dans son intégralité. Construit sur quatre étages, le moulin de Maupertuis se compose d'une partie où le blé devient farine, et d'une partie de stockage des sacs de blé, de farine et de son.

Modernisé au fil des siècles, ce moulin est très représentatif de l'évolution du travail de meunier du 15e siècle à nos jours. Il abrite depuis quelques années un écomusée de la meunerie.

La visite de l'écomusée permet de découvrir le fonctionnement complet du moulin, de l'énergie hydraulique qui actionne la roue au broyage des grains de blé par la meule, des outils d'entretien aux sacs estampillés du nom du dernier meunier de Maupertuis.

Moulin de Maupertuis, écomusée de la Meunerie. *Photo CDT Nièvre.*

# A la découverte de Donzy

**Fiche pratique 3**

*Une balade au cœur et autour de Donzy, à la découverte du patrimoine architectural bourguignon et des paysages de la vallée du Nohain.*

**❶** Descendre l'escalier au fond de la place et rejoindre la rue André-Audinet (*moulin de Maupertuis à gauche*). La prendre à gauche. Emprunter la rue du Pont-Notre-Dame à droite et passer le pont de la Tréfilerie (*vue sur le lavoir et la maison de l'Ile*). Continuer par la rue de l'Etape qui vire à gauche (*maisons à pans de bois et église Saint-Caradeuc*), traverser la place du Vieux-Marché et poursuivre dans la Grande Rue pour arriver sur la place Gambetta (*lavoir à gauche*). Continuer à gauche par le faubourg de Bouhy.

**❷** Prendre la rue de la Folie à droite et poursuivre vers Bagnaux. Après la ferme, bifurquer à droite, traverser la Talvanne sur la passerelle, puis emprunter la D 127 à droite sur 700 m en direction de Donzy.

**❸** Juste avant le bourg, s'engager à gauche, en angle aigu, sur le sentier qui monte. Il vire à droite et rejoint l'ancienne route de Cessy (*à l'entrée du bourg, vue sur Donzy*). La suivre à gauche, puis prendre la rue de la Chaumette à droite. Au carrefour, emprunter à gauche le chemin de la Georgerie (*vue sur les remparts et le château de Donzy*). Avant ce lieu-dit, rejoindre en face la D 2 et la suivre à gauche sur 400 m.

**❹** Partir à droite et gagner La Grillotterie. Après les bâtiments, tourner à droite en angle aigu, emprunter une petite route goudronnée puis traverser la D 1.

**❺** Au transformateur, prendre le chemin de terre à gauche jusqu'à Saint-Jean (*lavoir*). Continuer vers le Nohain et franchir la rivière. Aux anciennes forges de Bailly, couper la route et monter par le chemin en direction de Lyot.

**❻** Dans le hameau, prendre le chemin à droite, puis la petite route à droite et poursuivre par la route à droite vers Donzy-le-Pré.

**❼** Passer devant la chapelle Saint-Martin-du-Pré et longer le prieuré Notre-Dame-du-Pré (*possibilité de visiter l'élevage d'oies*).

**❽** Au carrefour, prendre la D 163 à droite vers la piscine, puis la rue de la Piscine à droite et la rue du Général-Leclerc à droite. Emprunter la rue du Point-du-Jour à gauche, la rue du Commandeur (*site*) à droite et retrouver la rue du Général Leclerc. A gauche, revenir à la place de la Mairie.

---

**3 h — 11 Km**

219 m / 175 m

**Situation** Donzy, à 46 km au Nord de Nevers par les A 77, N 151 et D 1

**Parking** mairie

**Balisage**
❶ à ❼ jaune (*blason de Donzy*)
❼ à ❽ blanc-rouge
❽ à ❶ jaune (*blason de Donzy*)

## À voir

### En chemin

■ Donzy : moulin de Maupertuis, maison de l'Ile, maisons à pans de bois, église Saint-Caradeuc, lavoirs, remparts et château de Donzy, rivières de la Talvanne et du Nohain ■ anciennes forges de Bailly ■ Donzy-le-Pré : chapelle Saint-Martin-du-Pré, ruines du prieuré clunisien Notre-Dame-du-Pré (tympan 12e)

### Dans la région

■ Perroy : château-fort féodal de La Motte-Josserand 13e (ouvert au public) ■ Suilly-la-Tour : château des Granges (ouvert au public) ■ Entrains-sur-Nohain : maison des fouilles (archéologie gallo-romaine)

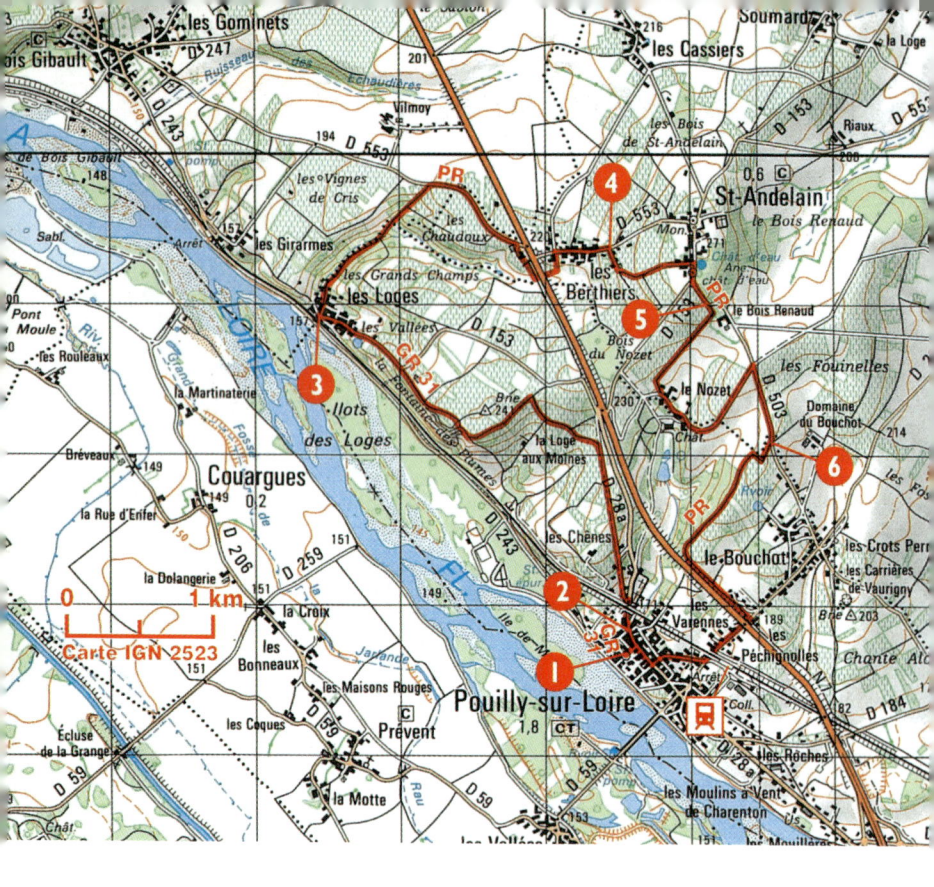

## Gastronomie en Val de Loire

Sur les mille hectares de vignes de Pouilly-sur-Loire, 950 hectares de cépage sauvignon sont consacrés à la production d'un vin blanc qui a fait la renommée du Val de Loire : le « Pouilly Fumé ».
Très recherché par les amateurs de bon vin, il séduit par ses arômes fruités, sa saveur de pierre à fusil, et sa couleur or-pâle aux reflets verts.
Sa qualité repose sur la tradition et le savoir-faire de nombreuses générations de vignerons, mais aussi sur un milieu de culture idéal.
Riches d'un sous-sol argilo-calcaire, les ceps sont bien exposés et bénéfi-

Vignobles de Pouilly-sur-Loire. *Photo R.L./Randonièvre.*

cient d'un climat très favorable.
Les hectares de vignes restants produisent un chasselas appelé « Pouilly-sur-Loire », très apprécié pour son goût fruité et tendre.
La production annuelle de ces vins atteint 69 000 hectolitres.

# De Loire en vignes

## Fiche pratique 4

**3h15 — 13 Km**

265 m / 163 m

Cheminant au cœur du vignoble de Pouilly-sur-Loire, ce circuit fera la joie des randonneurs. Les sommets des coteaux offrent une vue imprenable sur la vallée de la Loire et le Sancerrois.

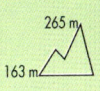

**Situation** Pouilly-sur-Loire, à 36 km au Nord de Nevers par l'A 77

**Parking** église Saint-Pierre

**Balisage**
1 à 3 blanc-rouge
3 à 1 jaune

*Feuille de vigne. Dessin N.L.*

Ne pas oublier

❶ De la place de l'Eglise, rejoindre la rue principale et la suivre à gauche, en direction de Cosne-sur-Loire.

❷ Au carrefour, emprunter le GR 31 en face. Passer sous le pont de chemin de fer. Se diriger à gauche sur quelques mètres, puis emprunter à droite l'ancienne voie royale pavée par endroit. Au bout, s'engager à gauche, au milieu des vignes, sur le chemin qui conduit aux Loges. Il vire à gauche puis à droite dans le vignoble (*vue sur Pouilly et la vallée de la Loire*). Descendre par la D 153 puis par la rue Saint-Vincent pour arriver au hameau vigneron des Loges.

❸ A la place centrale du hameau, prendre la rue à droite et poursuivre par le chemin qui remonte le vallon. Emprunter la D 553 à droite. Juste avant l'A 77, elle longe à droite l'autoroute sur 250 m, passe sous le pont puis gagne à gauche Les Berthiers. Traverser le hameau à droite.

❹ Emprunter le premier chemin à droite. Il monte au château d'eau de Saint-Andelain. Prendre la D 153 à droite jusqu'à la table d'orientation (*vue panoramique sur la vallée de la Loire et le Sancerrois*). A la fourche, suivre la D 503 à gauche sur 100 m.

❺ Dans le grand virage, descendre à droite au château du Nozet (*privé*). Traverser le site et remonter par les vignes. Prendre la D 503 à droite.

❻ Bifurquer à droite sur le chemin. Il descend dans les vignes, puis longe l'A 77 à gauche. Passer sous le pont. Au carrefour, tourner à droite et poursuivre jusqu'au centre-ville de Pouilly. Rejoindre la rue principale en face et regagner l'église.

## À voir

### En chemin

■ ancienne voie royale ■ vue panoramique sur la vallée de la Loire et Pouilly ■ hameau vigneron des Loges ■ vue sur la Loire et le Sancerrois ■ château du Nozet 19e (privé) ■ vignoble de Pouilly

### Dans la région

■ réserve naturelle du Val de Loire (entre Pouilly et La Charité-sur-Loire) : visites guidées et sentiers aménagés ■ Pouilly-sur-Loire : pavillon du Milieu de la Loire (centre de découverte et d'interprétation de la Loire et du vignoble)

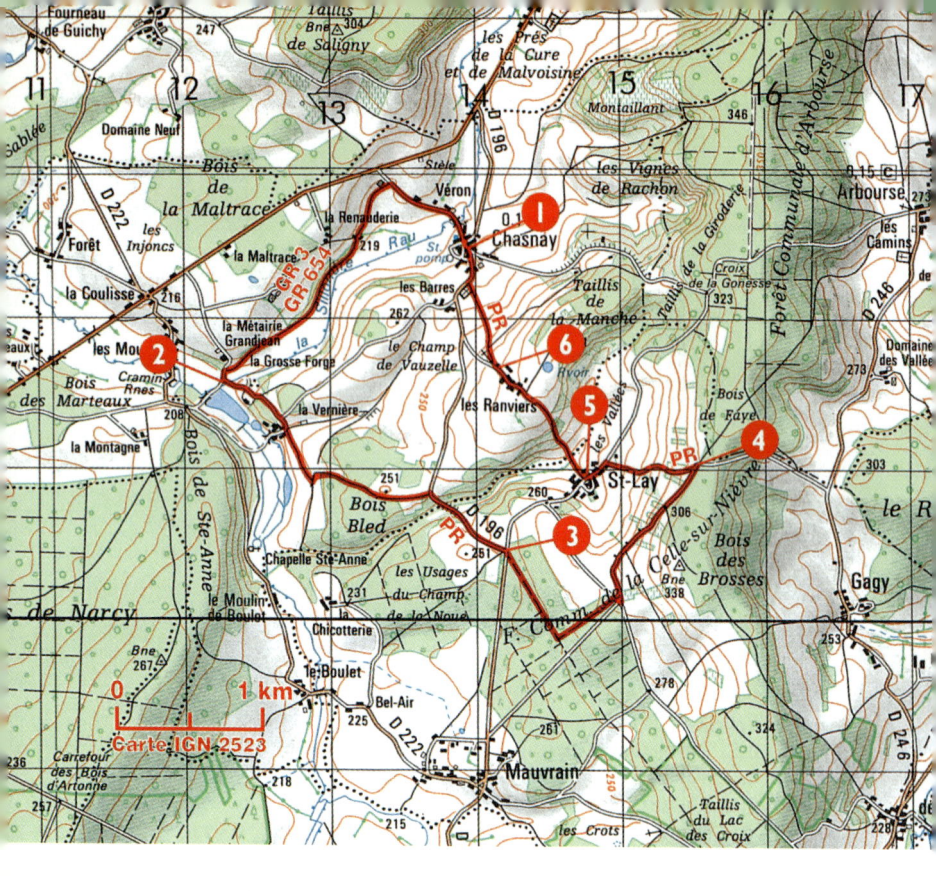

## Cramin et la métallurgie nivernaise

Dès le 13e siècle, le minerai de fer présent dans le pourtour de la forêt des Bertranges est exploité à des fins métallurgiques.

Ruines des forges de Cramin. *Photo Camosine.*

A Chasnay, le fer est transformé en fonte à la forge de Cramin. Toutes les conditions sont ici réunies pour le développement de cette activité. Les terres de la Vernière et de Vielmanay sont riches en minerai de fer, tandis que la proximité du massif des Bertranges et de son bois constitue un atout pour la combustion du fer. Au 15e siècle, la forge de Cramin se modernise par l'installation de soufflets actionnés par l'énergie hydraulique du Mazou, et par l'édification d'un haut-fourneau.

Au siècle suivant, la production s'intensifie et fournit des canons pour les guerres de Louis XIV. L'activité cesse en 1843 laissant 4 hectares de forges à l'abandon.

# Les Hauts de Seyr

**Fiche pratique** 5

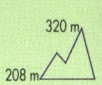

**3 h • 10 Km**

320 m / 208 m

Une balade sur les terres des Hauts de Seyr, autrefois exploitées par les moines de La Charité-sur-Loire pour la culture de la vigne. Aujourd'hui, ces vignes produisent les vins des coteaux charitois.

**Situation** Chasnay, à 38 km au Nord de Nevers par les A 77, N 151 et D 196

**Parking** église

**Balisage**
- ❶ à ❷ blanc-rouge
- ❷ à ❶ jaune

**Difficulté particulière**
- en période de chasse, se renseigner à la mairie

Ne pas oublier

❶ Prendre la route au Nord. Elle passe près du lavoir et franchit le ruisseau de la Sillondre. Juste avant la cave des Hauts de Seyr, s'engager sur le chemin à gauche. Il longe le vallon. Emprunter la route à gauche.

❷ Au carrefour, avant l'étang, suivre la route à gauche. A La Vernière, continuer par le sentier en face, puis par le sentier à gauche qui s'élève à travers bois. Emprunter la D 196 à droite.

*Buse variable. Dessin P.R.*

## À voir

**En chemin**
- Chasnay : église Saint-Germain 16e ■ château de la Vernière 18e ■ vignes des Hauts-de-Seyr ■ vue sur Saint-Lay

❸ Au carrefour routier, continuer par le sentier qui pénètre dans la forêt. Emprunter le deuxième layon à gauche. Prendre la petite route à droite, puis monter par la route à gauche dans les vignes (*points de vue sur Saint-Lay et les vignes des Hauts de Seyr*).

❹ Au point culminant, descendre par la route à gauche vers le hameau de Saint-Lay.

❺ Avant le lavoir, monter par le sentier à droite et traverser le hameau des Ranviers.

❻ A la croix, descendre par le chemin à droite et rejoindre le cimetière puis le bourg de Chasnay.

**Dans la région**
- La Charité-sur-Loire (patrimoine mondial de l'humanité) : étape sur les chemins de Saint-Jacques-de-Compostelle, site prieural roman (église Notre-Dame 12e-14e, vestiges de l'église Saint-Laurent 11e-16e, logis du Prieur 16e, tour Sainte-Croix 12e, cellier des Moines 13e-16e et son exposition permanente A la découverte du goût), cité historique (remparts, maison du Sabotier 15e, pont de la Loire, musée municipal)

*Raisin blanc. Dessin N.L.*

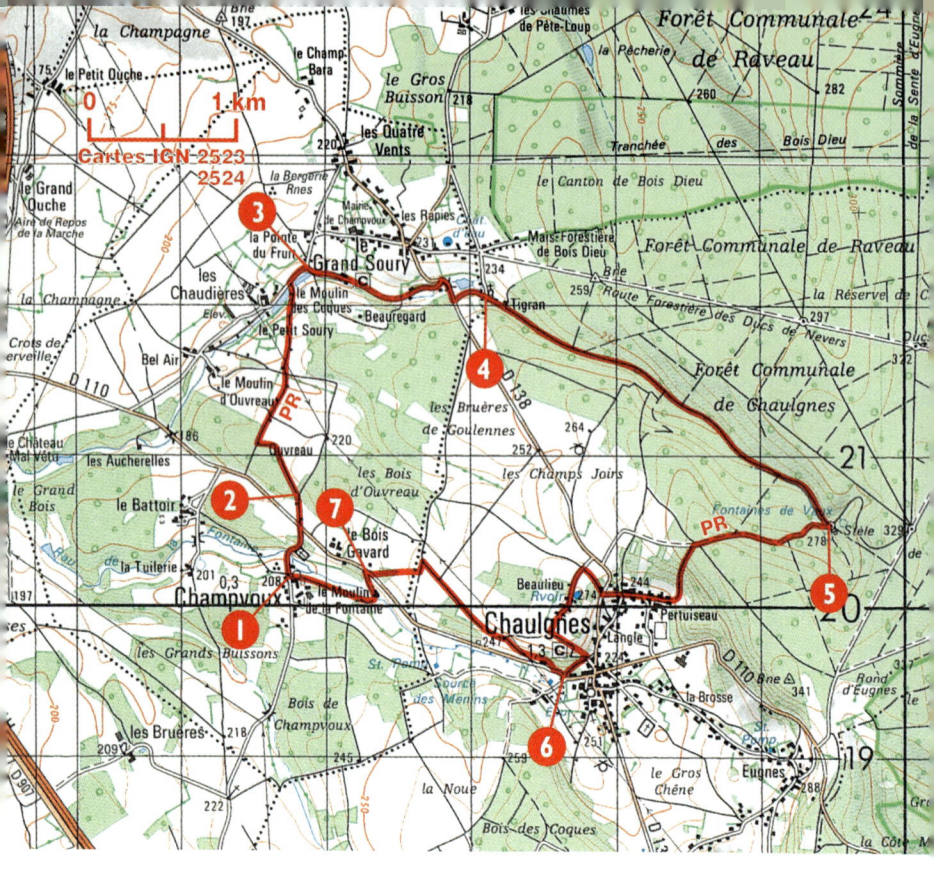

## Les moulins de Champvoux

Construits sous Louis XIV, puis transformés au 19e siècle, ils étaient autrefois au nombre de huit, échelonnés le long de la Sourde et du ruisseau de la Fontaine.
Pour pallier l'irrégularité du débit du ruisseau, le moulin de la Fontaine possédait un bassin de retenue d'eau de 800 m³. Ainsi, quand ce dernier fonctionnait, le moulin de Champvoux, placé en aval, bénéficiait du flot lâché par ses vannes.
Possédant un débit d'eau plus régulier, les moulins de la Sourde avaient des biefs plus étroits.
Leur rendement était faible : à peine 60 kg de grain traités à l'heure. Le développement des moulins industriels au 19e siècle provoqua la disparition des moulins traditionnels. Le moulin de la Fontaine fut le dernier à cesser son activité en 1914.

Champvoux. *Photo J.F.*

# Les moulins de Champvoux — Fiche pratique 6

**3 h • 12 Km**

315 m / 200 m

*Une promenade à la découverte des moulins à eau du Val de Loire, à proximité du massif forestier des Bertranges.*

**❶** De l'église, descendre en direction du moulin de Champvoux, puis remonter au cimetière. Couper la D 110 et poursuivre en face. Le chemin pénètre dans un bois.

**❷** A la fourche, continuer à gauche sur 1,5 km en franchissant un vallon. Après le petit pont, passer entre les étangs pour gagner la route et la prendre à droite.

*Petit houx fragon.*
*Dessin N.L.*

**❸** Au carrefour, tourner à droite et longer le moulin des Coques. Poursuivre par un chemin qui débouche sur la D 138, emprunter la D 138 à droite sur 200 m puis, par le chemin à gauche, rejoindre la chapelle de Tigran.

**❹** Prendre l'allée forestière à droite sur 3 km jusqu'aux Fontaines de Vaux.

**❺** Au rond-point, monter par l'allée empierrée à droite. Peu avant la sortie de la forêt, descendre à gauche vers Pertuiseau et traverser le hameau. Couper la D 138, monter en face par le sentier et prendre la route. Passer Beaulieu, puis continuer par le sentier qui vire à gauche, à droite et domine Chaulgnes.

**❻** Emprunter la D 110 à droite sur 150 m, puis le chemin qui s'élève à droite entre les prés. Au croisement en T, tourner à gauche, puis descendre à droite. Suivre la D 110 à droite sur quelques mètres.

**❼** Descendre par le chemin à gauche au Moulin de la Fontaine. Traverser la cour, franchir le ruisseau puis les clôtures des prés pour rejoindre Champvoux.

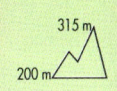

---

**Situation** Champvoux, à 25 km au Nord de Nevers par les A 77 (sortie La Marche) et D 110

**Parking** église

**Balisage** jaune

**Difficulté particulière**
■ passage de clôtures entre ❼ et ❶
■ en période de chasse, se renseigner en mairie

*Ne pas oublier*

## À voir

### En chemin
■ Champvoux : église Saint-Pierre 12e, moulin de Champvoux, moulin de la Fontaine ■ étang du Petit Soury ■ Le Grand Soury : moulin des Coques
■ Chaulgnes : chapelle de Tigran 20e (style arménien)
■ Fontaines de Vaux

### Dans la région
■ Chaulgnes : jardin romantique du manoir de Chazeau (ouvert au public)
■ forêt domaniale des Bertranges : la Grand Mare (enclos animalier, arboretum), ferme de la Maure, domaine de la Vache, ancien haut-fourneau

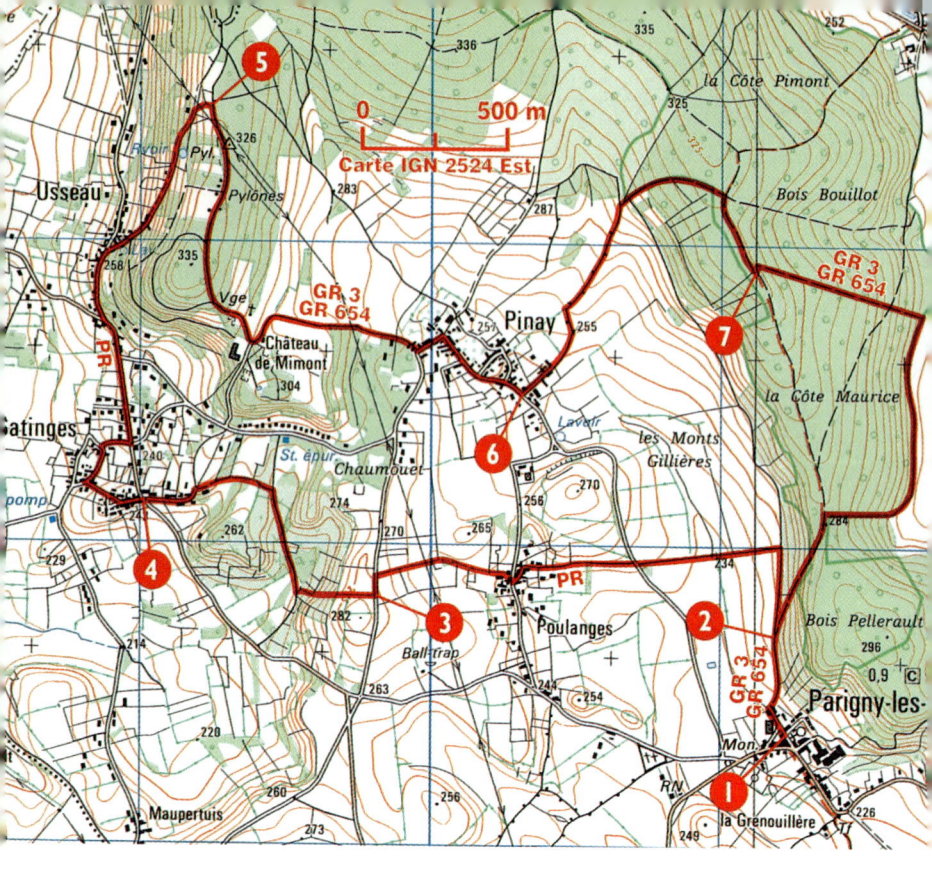

## Le massif forestier des Bertranges

Il s'étend sur près de 10 000 hectares sur la zone de plateaux située entre la vallée de la Loire, de la Nièvre et du Mazou.

L'essence dominante du massif est le chêne rouvre. Aménagé en futaies, il est accompagné de quelques spécimens de hêtre, de charme, et de chêne pédonculé dans les parties humides.

La forêt recèle de nombreuses sources (fontaine de la Vache, fontaine des Bougers...) et de nombreux étangs, dont l'eau était autrefois utilisée pour actionner les soufflets des hauts-fourneaux.

Riche en minerai de fer, le sous-sol du massif fut exploité dès le Moyen Age, et sa forêt fut consacrée à l'alimentation des forges présentes sur son territoire.

Aujourd'hui, les bois exploités sont destinés à l'exportation (tranchage, ébénisterie) et aux scieries voisines (tonnellerie, merrain).

Biche dans la forêt des Bertranges. *Photo CDT Nièvre.*

# Les hameaux de Parigny-les-Vaux

**Fiche pratique 7**

**3 h — 11 Km**

335 m / 226 m

Aux portes du massif forestier des Bertranges, partez découvrir les hameaux de Parigny-les-Vaux, à travers un paysage vallonné et boisé.

**❶** De l'église, prendre la rue en impasse vers le Nord, puis le chemin qui monte à droite en lisière du bois.

**❷** Laisser le chemin qui entre dans la forêt à droite, continuer tout droit le long de la haie, puis descendre à gauche entre le champ et le pré. Remonter tout droit, couper la route et poursuivre jusqu'au hameau de Poulanges. Traverser la route, monter par le sentier, puis prendre la route à gauche sur 100 m.

**❸** Entrer dans le pré embroussaillé à droite en ouvrant la barrière (*ne pas oublier de la refermer*), poursuivre le long de la haie, puis descendre entre les buissons d'épines jusqu'au poteau. Franchir les barbelés à gauche, obliquer à droite, passer les barbelés et dévaler la pente à droite. Continuer par le large chemin sur 250 m, puis se diriger à gauche et gagner Satinges.

**❹** Couper la route et traverser le hameau en virant deux fois de suite à droite. Emprunter à gauche la D 267 et prendre la seconde voie à droite pour gagner Usseau. Dans le hameau, bifurquer à droite sur la route qui monte et poursuivre par le large chemin.

**❺** A l'intersection, partir à droite à travers la forêt et descendre vers le château de Mimont. Continuer à gauche par le chemin qui mène à Pinay et prendre la route à gauche pour traverser le hameau.

**❻** Avant la sortie du village, prendre la rue à gauche entre les maisons sur 150 m, puis continuer par le chemin de terre qui s'élève entre les prés. Pénétrer à droite dans le bois Bouillot et poursuivre jusqu'à un croisement (*panneaux directionnels*).

**❼** Descendre à gauche dans le bois en direction de la ferme de la Maure. Longer la lisière du bois à droite, puis remonter dans la forêt à droite et franchir la crête boisée avant de redescendre en lisière sur l'autre versant.

**❷** Revenir à gauche pour retrouver Parigny-les-Vaux.

---

**Situation** Parigny-les-Vaux, à 13 km au Nord de Nevers par les D 267 et D 8

**Parking** salle polyvalente

**Balisage**
- ❶ à ❷ blanc-rouge
- ❷ à ❺ jaune
- ❺ à ❶ blanc-rouge

**Difficulté particulière**
- franchissement de barbelés entre ❸ et ❹
- en période de chasse, se renseigner à la mairie

*Ne pas oublier*

## À voir

**En chemin**
- Parigny-les-Vaux : église Saint-Jean-Baptiste 11e-18e (Vierge et retables) ■ Usseau : lavoir ■ château de Mimont (privé)

**Dans la région**
- forêt domaniale des Bertranges : réservoir du Palissonnet (pêche), fontaine de Valton ■ Varennes-Vauzelles : étang de Niffond (pêche, arboretum), sentier de découverte du domaine de la Beue

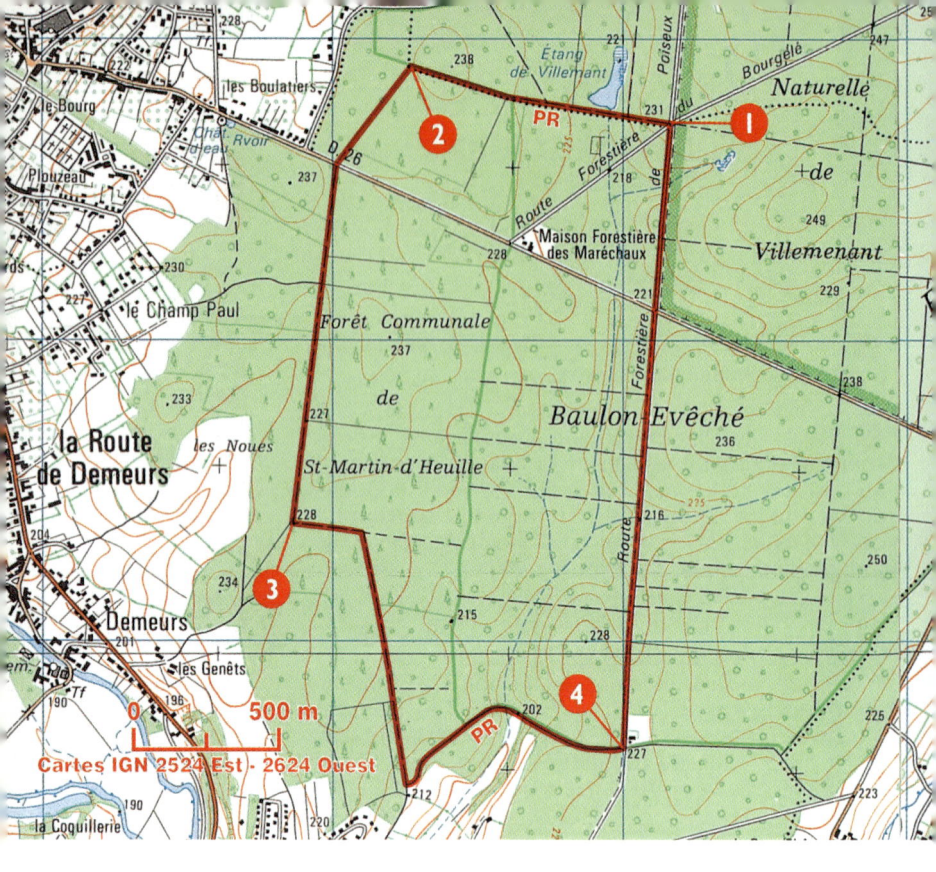

## Les forges d'Urzy

**L**'histoire économique d'Urzy est liée à l'industrie des forges. Au 16e siècle, deux forges sont installées près du cours d'eau de la Nièvre pour traiter le minerai de fer exploité dans les forêts alentour.

La forge implantée à Greux complète la clouterie déjà en fonctionnement, tandis que celle de Demeurs fabrique des pièces destinées à la Marine Royale. Les premiers logements ouvriers sont créés. Ils s'étendront par la suite jusqu'à Guérigny.

Les forges sont acquises au 18e siècle par Babaud de La Chaussade, le propriétaire des Forges Royales de Guérigny. La production se spécialise alors dans la fabrication d'ancres et de mortiers, destinés à la Marine.

A la fermeture des forges d'Urzy en 1850, les ouvriers rejoignent les usines de Guérigny, dont l'activité cessera en 1971.

Les forges de la Chaussade de Guérigny. *Photo A.V.G.*

# L'étang de Villemenant

**Fiche pratique 8**

**2 h 20 — 7 Km**

238 m / 202 m

Une balade entièrement forestière au cœur de la Réserve de Villemenant où vous pourrez découvrir à loisir les ressources naturelles du site d'Urzy : forêts, eaux vives et souterraines, et gibier.

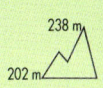

**Situation** Réserve naturelle de Villemenant (entre Guérigny et Balleray), à 9 km au Nord-Est de Nevers par les D 977 et D 26

**Parking** carrefour de la route forestière du Bourgelé (enclos à chevreuils)

**Balisage** bleu

**Difficulté particulière**
■ en période de chasse, se renseigner à la mairie

Faucon crécerelle.
*Dessin P.R.*

Orchis pourpre.
*Dessin N.L.*

❶ De l'enclos à chevreuils, s'engager sur le chemin de gauche en direction Ouest. Passer sur la digue de l'étang de Villemenant et poursuivre tout droit sur 600 m.

❷ Bifurquer sur le chemin à gauche, traverser la D 26 et poursuivre en face par la ligne forestière sur 1,2 km.

❸ Se diriger à gauche sur 250 m, à droite sur 800 m, puis longer la lisière de la forêt à gauche. Le chemin débouche sur la route forestière empierrée de Poiseux.

❹ La prendre à gauche sur 1,5 km, traverser la D 26, poursuivre tout droit et regagner le point de départ.

## À voir

### En chemin
■ enclos à chevreuils ■ étang de Villemenant ■ Réserve naturelle de Villemenant

### Dans la région
■ Urzy : château des Bordes 11e-17e (privé), église Saint-Denis 15e ■ Guérigny : château et forges de La Chaussade, musée et site du Vieux-Guérigny, ancienne coopérative 19e, église Saint-Pierre, château de Villemenant 14e-15e (ouvert au public)

vers A 77 et N 7 pour Cosne-sur-Loire et Orléans

vers D 977 pour Clamecy et Auxerre

vers D 978 pour Château-Chinon et Autun

vers D 40 pour Fourchambault

vers N 7 pour Moulins et D 976 pour Bourges

# Les Faïenciers de Nevers

**Fiche pratique 9**

**1 h 30 — 3 Km**

Partez à la découverte du quartier des Faïenciers, dont l'art fit la renommée de Nevers, à travers tout le royaume de France au 17e siècle.

▶ Les numéros indiqués sur la carte et le descriptif suivent l'ordre du cheminement, tandis que les panneaux inclinés situés devant les monuments comportent une autre numérotation.

De l'**office de tourisme** ❶, se rendre à l'hôtel de ville, puis longer la **cathédrale Saint-Cyr-Sainte-Julitte** (6e-16e) ❷ par la rue Abbé-Boutillier. Tourner à gauche en direction du **palais de justice** ❸ et faire le tour de l'**ancien palais épiscopal** (18e) par la rue du Cloître-Saint-Cyr. Longer la **cathédrale** et revenir vers l'hôtel de ville.

Descendre à gauche par la rue du Doyenné, puis prendre la rue du 14-Juillet à gauche. Passer les **ateliers de faïencerie** puis l'**hôtel de la Verrerie** (17e) ❹ Continuer tout droit, passer la **porte du Croux** (14e-15e) ❺ et suivre la promenade des Remparts.

Entrer à gauche dans les jardins du **musée municipal Frédéric Blandin** (collection de faïence et verres filés) ❻, sortir et reprendre à gauche la promenade des Remparts. A la sortie, tourner à gauche en suivant les grilles et monter les escaliers de la **tour Goguin** (12e-15e, vue sur la Loire) ❼.

Emprunter la rue du Singe à droite et pénétrer dans la cour du **four de l'Autruche** (17e) ❽. Prendre à gauche la rue Saint-Genest, passer devant l'ancienne faïencerie de l'Autruche (17e) et monter à l'**église Saint-Genest** (12e) ❾.
Grimper à droite les escaliers de la rue des Faïenciers, puis descendre ceux de la rue du Calvaire et déboucher sur la place Mossé. Monter par la rue de Loire en passant devant le **portail Saint-Sauveur** (12e) ❿. Poursuivre par la rue de la Cathédrale et monter jusqu'à l'**Echauguette** ⓫, avant de tourner à droite dans la rue de la Parcheminerie.

A la place de la République, continuer tout droit jusqu'à la **maison de Maître Adam** (17e) ⓬. Descendre à droite par la rue de la Fontaine. A la place Saint-Nicolas, remonter à gauche par la rue François-Mitterrand, puis prendre la rue de l'Oratoire à gauche. Longer l'**ancienne église de l'Oratoire** (17e) ⓭ puis l'**ancienne chambre des Comptes** (15e) ⓮.
Place de la République, se diriger à droite pour rejoindre l'esplanade du **palais ducal** (15e) ⓯.

**Situation** Nevers

**Parking** place des Reines-de-Pologne

**Balisage** fil bleu (au sol)

## À voir

### En chemin

■ hôtel de ville, cathédrale Saint-Cyr-Sainte-Julitte 6e-16e (vitraux modernes), ancien palais épiscopal 18e, porte du Croux 14e-15e, promenade des Remparts, musée municipal Frédéric Blandin, tour Goguin 12e-15e, four de l'Autruche 17e et ancienne faïencerie de l'Autruche 17e, église Saint-Genest 12e, portail Saint-Sauveur 12e, ancienne église de l'Oratoire 17e, ancienne chambre des Comptes 15e, palais ducal 15e

### Dans la région

■ Nevers : couvent Saint-Gildard (maison mère des sœurs de la Charité, châsse de Sainte-Bernadette)
■ Randonnée nautique sur la Loire (canoë-kayak)

## Un art de tradition

Louis de Gonzague, duc de Nevers, introduit l'art de la faïence à Nevers, à la fin du 16e siècle, en faisant venir de nombreux artistes d'Italie, tels Augustin Conrade. Des ateliers fleurissent alors sur les pentes de la butte de Nevers, formant ainsi le quartier des Faïenciers.

S'inspirant de l'art italien, riche en scènes bibliques et mythologiques, les faïenciers développent leur art au fil des siècles. Les techniques évoluent et l'art s'enrichit d'inspirations orientales avec les décors persans ou chinois.

Au 17e siècle, la notoriété des ateliers de Nevers se diffuse dans tout le royaume de France grâce au fameux Bleu de Nevers, qui trouve rapidement sa place sur les tables royales. La ville bénéficie alors d'un essor économique qui dure un siècle. A la Révolution, une faïence aux décors patriotiques voit le jour et s'introduit dans les milieux populaires et bourgeois, mais la concurrence avec la faïence anglaise et la porcelaine provoque la diminution de la production.

Aujourd'hui, l'art de la faïence se perpétue à Nevers grâce à six ateliers de fabrication.

Faïence de Nevers.
Photo P. Leriget / musée F. Blandin.

## La cathédrale Saint-Cyr-Sainte-Julitte

Véritable joyau de l'art architectural, cette cathédrale impose fièrement au regard des passants des proportions généreuses qui font d'elle le point de mire de Nevers, des bords de Loire jusqu'au cœur de la ville.

Son originalité réside en l'absence de porte principale et la possession de deux absides opposées de styles différents ; celle orientée à l'ouest étant de style roman, et celle orientée à l'est de style gothique. Cette particularité s'explique par la succession des remaniements dont elle fut l'objet depuis le 6e siècle.

A la création du diocèse de Nevers en 502, les fidèles firent ériger un édifice religieux - dont on a retrouvé le baptistère - qui fut à plusieurs reprises victime d'incendies n'épargnant que l'abside, la crypte et le transept romans. Au 13e siècle, ses vestiges furent utilisés par les architectes qui les adaptèrent à la construction de la cathédrale gothique.

La cathédrale possède également une haute tour carrée (14e-16e s.) ornée d'immenses statues représentant notamment les rois David et Salomon, ainsi que des vitraux de style moderne très originaux.

Tour carrée de la cathédrale Saint-Cyr-Sainte-Julitte.
Photo J.F.

Vue de Nevers depuis les bords de Loire. *Photo CDT Nièvre.*

# Nevers

100 m

# Saint-Etienne de Nevers

**Fiche pratique** 10

**1 h 30 — 2,5 Km**

Traverser les terres de l'ancienne abbaye Saint-Martin et du bourg Saint-Etienne, organisé autour de l'ancien monastère dont seule subsiste l'église romane du 11e siècle.

**Situation** Nevers

**Parking** place des Reines-de-Pologne

**Balisage** fil bleu (au sol)

▶ Les numéros indiqués sur la carte et le descriptif suivent l'ordre du cheminement, tandis que les panneaux inclinés situés devant les monuments comportent une autre numérotation.

De l'**office de tourisme** ❶, descendre à la place Carnot et prendre la rue Saint-Martin à droite.
Elle passe devant de nombreux bâtiments : **hôtel de Saint-Phalle** (18e), **chapelle Sainte-Marie** (17e) ❷, **hôtel de Vertpré** (19e) ❸, **maison Fouché** ❹, **hôtel de Saulieu-Saincaize** (18e), **maison du Prieur de Saint-Martin** (15e) et **hôtel Flamen d'Assigny** (18e) ❺.
Place Saint-Sébastien, prendre la rue François-Mitterrand à gauche. Longer le **beffroi** (15e) ❻.
Suivre la rue des Boucheries à droite, atteindre le marché Saint-Arigle, puis descendre par la rue de Nièvre. Passer devant un **hôtel particulier** (17e) et l'**hôtel des Bordes** (17e) ❼.
Place du Puits-des-Mules, s'engager dans la rue Fonmorigny et passer devant l'**hôtel de la Chasseigne** (16e) ❽ puis l'**ancienne dépendance de l'abbaye de Fonmorigny** (15e) ❾.

Prendre la rue du Charnier à gauche et accéder à l'**église Saint-Etienne** (11e) ❿. Continuer à gauche par la rue Saint-Etienne et passer devant l'**hôtel Tiersonnier** (18e) ⓫. Suivre la rue Mirangron à droite (maison 16e), puis traverser le square René-Vilain. Faire le tour de l'**église Saint-Pierre** (17e) ⓬, puis atteindre la place Ravel et emprunter la rue François-Mitterrand. Voir la **place Guy-Coquille** ⓭ à gauche.

Rejoindre la place Saint-Sébastien et continuer tout droit par la rue F.-Mitterrand jusqu'à la place Mancini, en passant à côté de l'**ancien relais de poste** (15e) ⓮.
Tourner à droite et monter par la rue des Récollets. Passer l'**hôtel de la Monnaie** (15e) ⓯, la **demeure urbaine** (16e), l'**hôtel de Fontenay** (17e) ⓰ et le **couvent des Récollets** (14e-18e) ⓱.

Traverser la place des Reines-de-Pologne, passer devant le **château de la Gloriette** (17e), le théâtre (19e) et le **palais ducal** (15e) ⓲, avant de retrouver l'office de tourisme.

## À voir

### En chemin

■ hôtel de Saint-Phalle, chapelle Sainte-Marie 17e, hôtel de Vertpré, maison Fouché, hôtel de Saulieu-Saincaize, maison du Prieur de Saint-Martin, hôtel Flamen d'Assigny, halles et beffroi 15e, hôtel des Bordes, hôtel de la Chasseigne, ancienne dépendance de l'abbaye de Fontmorigny 15e, église Saint-Etienne 11e, hôtel Tiersonnier, église Saint-Pierre 17e, place Guy-Coquille, hôtel de la Monnaie 15e, hôtel de Fontenay, couvent des Récollets, palais ducal 15e, château de la Gloriette 17e, théâtre

### Dans la région

■ Nevers : sentier du Ver-Vert sur les bords de Loire (à la découverte du milieu ligérien et de l'Histoire de la Marine de Loire ■ promenades en gabare sur la Loire

## Le palais ducal

Ce fut Jean de Clamecy, comte de Nevers, qui débuta sa construction en 1464. Ses combats ne lui permirent pas de l'achever et, à sa mort, seules les deux tours rondes étaient terminées. Ses successeurs de la maison de Clèves firent édifier le bâtiment barlong, et la maison des Gonzague lui donna son caractère définitif après 1565. Ces trois époques d'édification ont donné au château ducal un style architectural alliant art médiéval et art Renaissance.

La façade principale du château, ouverte sur la Loire, illustre le raffinement de l'art Renaissance. En son milieu, la tour octogonale à trois pans est décorée de bas-reliefs historiés, reconstitués en 1850 à partir des sculptures originales. Ils illustrent les légendes du Chevalier au Cygne et de Saint-Hubert, dont les Clèves se prétendaient les descendants.

Après la Révolution, le château devint propriété de la ville et du département, et abrita la mairie et les tribunaux (ce qui lui valut le nom de « palais »). Aujourd'hui, ses expositions culturelles le lient davantage à l'histoire du Nivernais.

## Le faubourg Saint-Etienne et son église

Il remonte à l'époque mérovingienne. Des textes anciens attestent l'existence au 11e siècle d'un édifice religieux vétuste, créé par le moine Saint-Colomban, mais ils ne permettent pas d'authentifier sa date de construction. Des sarcophages mérovingiens ont cependant été mis au jour lors de fouilles.

En 1068, l'édifice en ruine et le faubourg Saint-Etienne furent donnés à l'abbaye de Cluny. C'est alors que commencèrent les travaux de construction de l'actuelle église. Le prieuré resta indépendant de l'autorité du duché de Nevers jusqu'en 1535, ce qui lui permit d'établir sa puissance, notamment sur l'évêché de Nevers, et de jouir de droits importants sur son territoire, telles la franchise ou la liberté de circulation et de commerce.

Aujourd'hui, l'église Saint-Etienne est considérée comme un joyau de l'art religieux roman du 11e siècle. Cet art réside en une unité architecturale et un équilibre harmonieux entre ses divers éléments telles sa nef voûtée éclairée par des fenêtres, ses trois chapelles rayonnantes, et son élévation à trois niveaux.

Eglise Saint-Etienne à Nevers.
Photo A.C., A.Ch./CDT Nièvre.

Palais ducal à Nevers. *Photo CDT Nièvre*

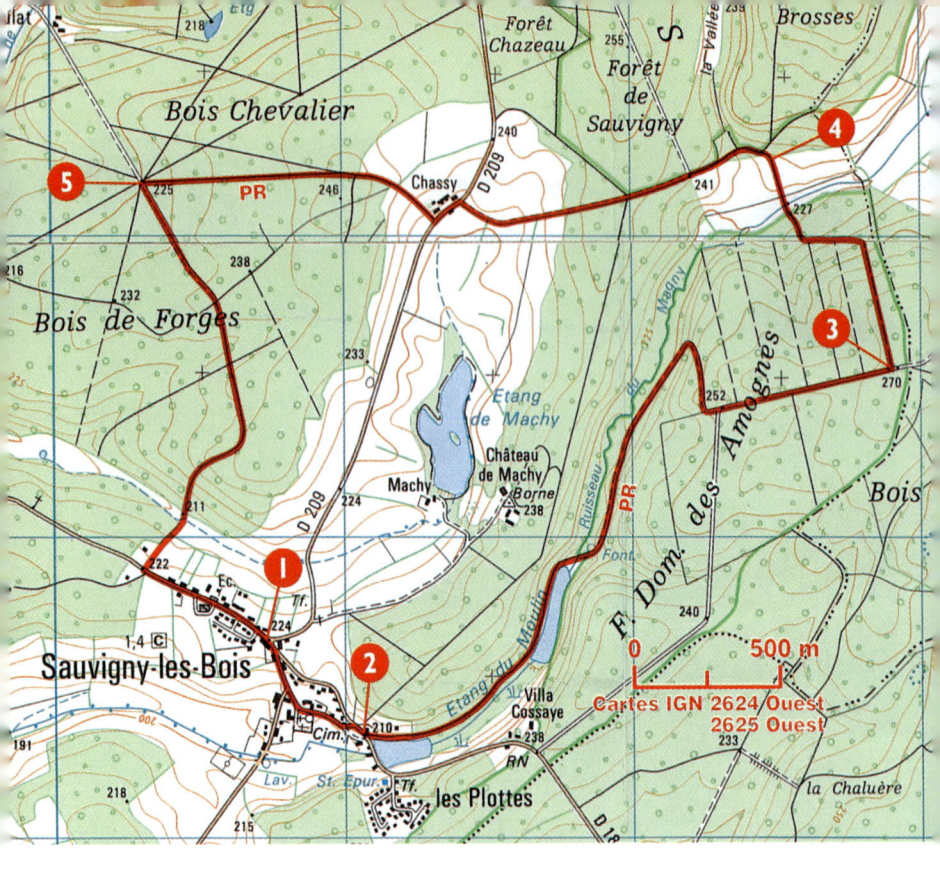

## La légende de la Fontaine sonnante

Comme tant d'autres régions de France, la Nièvre recèle des légendes transmises par le bouche à oreille. Chaque habitant de Sauvigny-les-Bois connaît ainsi la légende de la Fontaine sonnante.
Autrefois se trouvait sur les terres du diocèse un monastère avec une cloche d'argent qui attirait les convoitises.
Une nuit, cette cloche fut volée par un bandit de grand chemin. Les moines du couvent furent aussitôt alertés par le tintement continu de la cloche qui se balançait dans les mains de son ravisseur, et s'élancèrent à sa poursuite.
Pris de panique, le voleur jeta la cloche dans une fontaine voisine et s'enfuit à travers l'épaisseur des bois.
Depuis, la cloche, privée des hauteurs de son cher clocher n'a cessé de tinter mélancoliquement du fond de sa cachette.

Vue aérienne de Sauvigny-les-Bois. *Photo P.M.*

# Le circuit de Chassy

**Fiche pratique 11**

**2 h 40 — 8 Km**
270 m / 210 m

Situé en plein pays des Amognes, Sauvigny-les-Bois est un lieu verdoyant entouré de forêts, traversé par la Loire et de nombreux cours d'eau.

**Situation** Sauvigny-les-Bois, à 8 km au Sud-Est de Nevers par les D 978 et D 18

**Parking** salle des fêtes

**Balisage** jaune

*Vanneau huppé. Dessin P.R.*

**❶** Descendre par la route du Lavoir, puis par la rue de la Cure à gauche. Traverser la D 18 et longer le restaurant.

**❷** Avant l'étang, s'engager sur le chemin à gauche. Il pénètre dans le bois, puis longe l'étang du Moulin. Franchir le ruisseau du Magny et poursuivre par l'allée forestière qui monte à un carrefour. Emprunter la route à gauche sur 600 m.

**❸** Partir à gauche dans la forêt de feuillus, descendre au ruisseau de Magny, le traverser et poursuivre entre les prairies jusqu'au bois.

**❹** Prendre le chemin à gauche sur 1 km, puis la D 209 à gauche et longer la ferme de Chassy. Emprunter le premier sentier à droite et gagner le rond des Six-Allées.

**❺** Virer dans la première allée forestière à gauche et continuer dans cette direction. Prendre le chemin à droite qui descend sur 300 m et atteindre la D 18. La suivre à gauche pour rejoindre Sauvigny-les-Bois.

## À voir

### En chemin

■ Sauvigny-les-Bois : église Saint-Etienne 802-12e-14e (clocher carré considéré comme le plus ancien de la Nièvre) ■ étang du Moulin ■ forêt domaniale des Amognes

### Dans la région

■ Sauvigny-les-Bois : La Sauvignoise VTT (manifestation sportive annuelle en septembre) ■ Chevenon : château 15e (ouvert au public), plan d'eau et zone de loisirs ■ Nevers : ville d'Art et d'Histoire (riche en monuments)

*Etourneau sansonnet. Dessin P.R.*

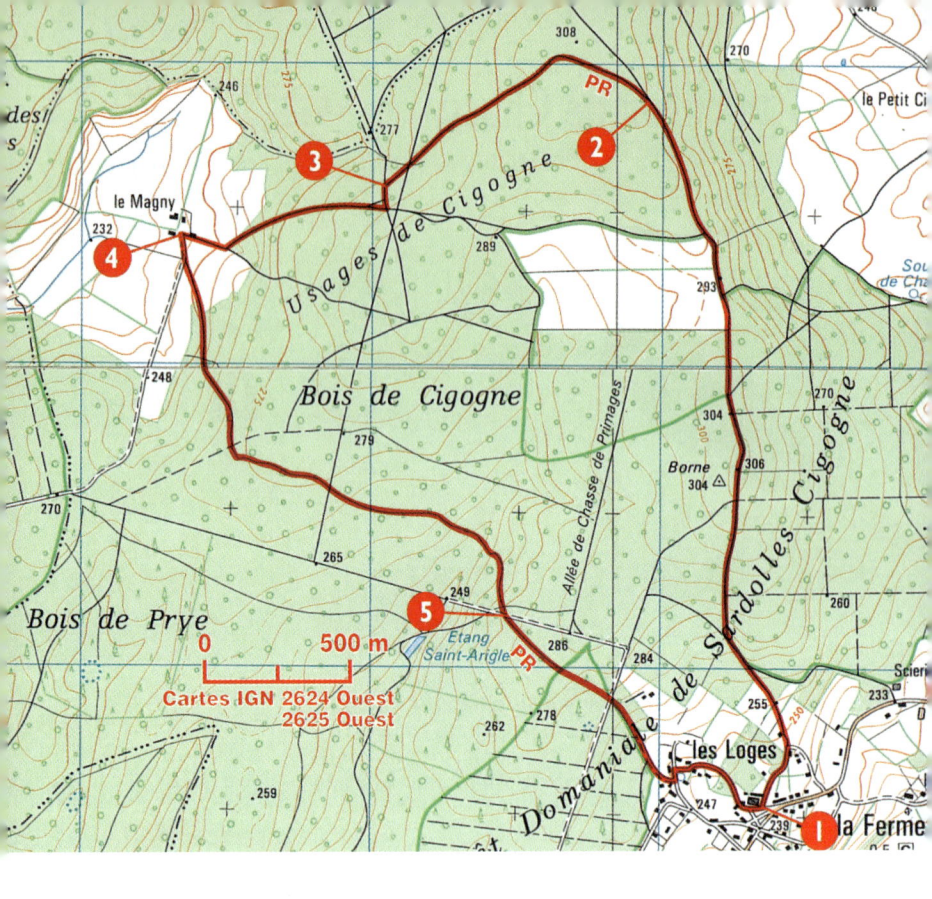

## Le Saupiquet des Amognes

*Pour deux personnes.*

Dans une casserole, faire un roux avec 50 g de beurre et 2 cuillerées de farine, puis ajouter un grand verre de vin blanc. Mélanger avec 2 tomates préalablement pelées et hachées.
Dans un autre récipient, faire réduire à sec 6 échalotes hachées avec un verre de vinaigre, quelques pincées de poivre en grain, quelques feuilles d'estragon et 6 baies de genièvre écrasées. Ajouter le roux dans la préparation, faire bouillir une demi-heure puis passer à l'étamine.
Incorporer 50 g de beurre et 30 cl de crème fraiche épaisse, puis mettre au bain-marie.
Dans une poêle, faire rissoler avec du beurre deux tranches épaisses de jambon cru de ménage.
Disposer ces tranches dans une assiette et napper de sauce. Servir aussitôt.

*Photo J.F.*

# Les Usages de Cigogne

**Fiche pratique 12**

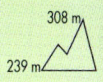

2 h 30 — 7,5 Km

308 m / 239 m

**Situation** La Fermeté, à 16 km au Sud-Est de Nevers par les D 978, D 18 et D 172

**Parking** place du bourg

**Balisage** jaune

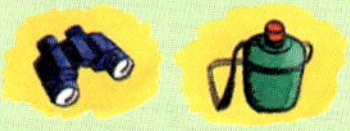

Un sentier pédagogique à la découverte de l'écosystème de la forêt nivernaise, et de ses variétés d'arbres. Prêtez-vous au jeu et observer les traces laissées par la faune sauvage sur le sol forestier…

Chevreuil. *Dessin P.R.*

❶ De la place du village, monter aux Loges par la rue des Sapins, puis s'engager à gauche sur le chemin qui mène aux Usages de Cigogne. Continuer tout droit en ignorant les chemins transversaux, puis poursuivre tout droit pour rejoindre les Usages de Saint Péraville, sur 500 m.

❷ Bifurquer à gauche sur le chemin rural qui traverse les Usages de Cigogne.

❸ A la croisée, emprunter à gauche le chemin empierré sur 10 m, puis descendre par le chemin à droite jusqu'à la ferme du Magny.

❹ Avant l'entrée de la ferme, remonter à gauche par le chemin empierré sur 50 m, puis s'engager à gauche sur le chemin rural en direction de La Fermeté.

❺ Au croisement, couper le chemin transversal et continuer tout droit en direction des Loges. Poursuivre par le chemin des Loges qui contourne le lavoir et retrouver la place.

Ne pas oublier

## À voir

**En chemin**

■ sentier de découverte de la forêt (30 panneaux pédagogiques de l'ONF sur l'écosystème)

**Dans la région**

■ Chevenon : château 15e (ouvert au public), plan d'eau et zone de loisirs ■ forêt domaniale des Amognes

Feuilles de chêne. *Dessin N.L.*

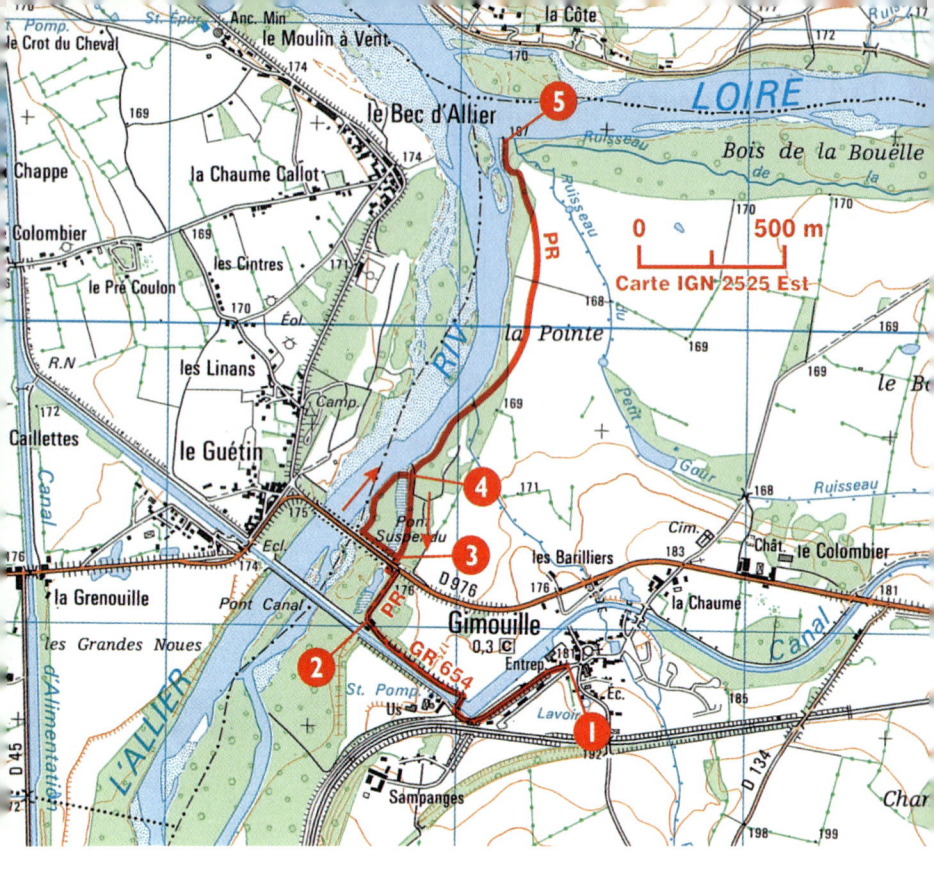

## Le Bec d'Allier

La confluence de l'Allier et de la Loire, le dernier fleuve sauvage d'Europe, donne naissance à des milieux naturels remarquables pour leur intérêt écologique, faunistique et floristique.
Le Bec d'Allier est en effet un site ornithologique privilégié, très fréquenté par les oiseaux migrateurs. Ces oiseaux nicheurs viennent chercher à cet endroit un lieu propice à leur nidification, et pondent leurs œufs dans les grèves, petits îlôts constitués de sable et de graviers.

Les îles boisées du bec d'Allier attirent également des mammifères protégés tels que le castor d'Europe, tandis que ses eaux accueillent les saumons qui viennent frayer.

Cet écosystème est constitué aussi de forêts, de plantes herbacées ou aquatiques, toutes conditionnées par le mouvement des eaux.

La confluence de l'Allier et de la Loire. *Photo S. L./CG 58.*

# Le sentier du Passeur

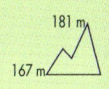

**Fiche pratique** 13

**1 h 40 • 5 Km**  181 m / 167 m

**Situation** Gimouille, à 10 km au Sud-Ouest de Nevers par les N 7 et D 976

**Parking** port

**Balisage**
❶ à ❷ blanc-rouge
❷ à ❺ signalétique *Sentier du Passeur*

*Castor. Dessin P.R.*

Découvrez le Bec d'Allier, confluent de la Loire et de l'Allier, à travers une approche pédagogique d'un milieu naturel profondément marqué par ces chemins d'eau.

❶ Suivre le chemin le long de la berge du canal latéral à la Loire, en direction du port de Gimouille. Passer sur le pont et continuer par le chemin de halage à gauche.

❷ Juste avant le pont-canal du Guétin, descendre par le chemin à droite. Avant la D 976, tourner à gauche, puis passer sous le pont routier.

❸ Partir à gauche par la branche gauche du sentier du Passeur (*jalonné de onze bornes pédagogiques*) qui pénètre dans une partie boisée. Après la borne 6, passer sur le pont qui enjambe le ruisseau des Barilliers.

❹ Poursuivre dans la prairie. Le sentier rejoint le bois de la Bouëlle et l'observatoire du Bec d'Allier (*site ornithologique, vue sur le Bec d'Allier, observation de la faune du milieu ligérien*).

❺ Revenir sur ses pas.

❹ Bifurquer à gauche pour rejoindre le pont routier.

❸ Par l'itinéraire emprunté à l'aller, regagner Gimouille.

*Ne pas oublier*

**À voir**

**En chemin**
■ port de Gimouille ■ canal latéral à la Loire (plaisance) ■ pont-canal du Guétin ■ observatoire du Bec d'Allier (site ornithologique)

**Dans la région**
■ ferme-nature de Fertot ■ Nevers : cité historique riche en monuments

*Saumon. Dessin P.R.*

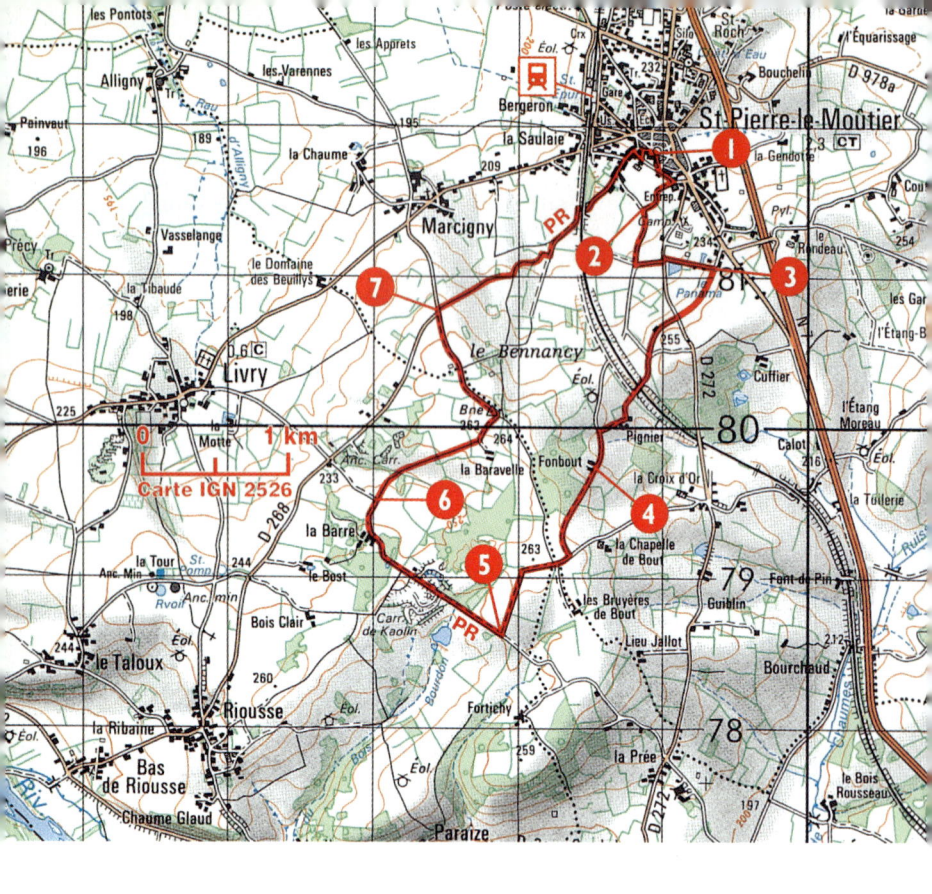

## Les carrières de kaolin

Carrières de kaolin de Saint-Pierre-le-Moûtier. *Photo D.M.*

A certains endroits, le sous-sol de Saint-Pierre-le-Moûtier recèle d'importants gisements de kaolin, une roche argileuse blanche utilisée dans la composition de la porcelaine. L'extraction de cette roche débuta en 1929 aux carrières de la Barre. A l'instar des mineurs, les ouvriers accédaient aux galeries souterraines par un puits muni d'un ascenseur. Le kaolin était extrait à l'aide de pioches et de pelles, puis chargé dans des wagonnets tirés par des ânes.

Une fois remonté à la surface, le sable kaolinique était acheminé jusqu'à la gare de Saint-Pierre-le-Moûtier, et partait dans des wagons en direction des grandes porcelaineries françaises.

L'apparition d'outils plus modernes provoqua la transformation de ces mines en carrières à ciel ouvert.

# Le chemin des Carrières

**Fiche pratique** 14

**3 h — 10 Km**
263 m / 217 m

Ancien bourg médiéval, Saint-Pierre-le-Moûtier possède divers attraits tels que son église romane du 12e siècle, ses ruelles et sa campagne verdoyante peuplée de troupeaux de charolais.

*Bouvreuil pivoine. Dessin P.R.*

**Situation** Saint-Pierre-le-Moûtier, à 22 km au Sud de Nevers par la N 7

**Parking** église Saint-Pierre

**Balisage** jaune

❶ De la place de l'Eglise, prendre la rue de la Fontaine, la rue des Apprets puis la rue des Promenades et entrer dans le jardin public par la porte Ancienne. Poursuivre par le chemin rural de la Chaume.

❷ Laisser le chemin du Crot-Patin à droite et continuer tout droit sur 250 m. Au carrefour, tourner à gauche, couper la D 272, passer l'étang de Panama et monter tout droit.

❸ Dans le virage de la route, prendre le chemin à droite. Couper à nouveau la D 272 et passer La Plante. Continuer tout droit, franchir le pont sur la voie ferrée et traverser la ferme de Pignier. Emprunter la route à gauche.

❹ A Fonbout, laisser le hameau à droite et continuer par le chemin en direction de La Chapelle-de-Bout. Tourner à droite et suivre la direction Livry-Fortichy.

❺ A la stèle, prendre le chemin à droite, puis continuer tout droit à travers la carrière de kaolin. Passer la ferme de la Barre.

❻ Dans le virage, suivre le chemin à droite sur 1 km, en allant toujours tout droit. Au croisement en T, tourner à gauche et arriver dans un virage de la D 268.

❼ S'engager dans le petit chemin de droite. A l'intersection en T, aller à gauche sur quelques mètres, puis emprunter le chemin à droite et passer sous la ligne de chemin de fer. Continuer tout droit, poursuivre par la rue du Crot-Patin (*ancien lavoir à droite*), la rue du Puizat puis le passage des Prémanoirs. Prendre la rue du Lavoir, puis le passage du Presbytère à droite et rejoindre la place.

## À voir

### En chemin

■ Saint-Pierre-le-Moûtier : église Saint-Pierre 12e-15e, ancien palais du Présidial 16e, porte de la maison du Lieutenant-Meurisse 15e-16e, porte de la maison du Lieutenant-Criminel 15e, statue de la rue des Prémanoirs, ancien lavoir
■ étang de Panama
■ carrière de kaolin
■ ancienne mine de kaolin

### Dans la région

■ Magny-Cours : circuit automobile de Nevers-Magny-Cours, musée Ligier, karting, golf

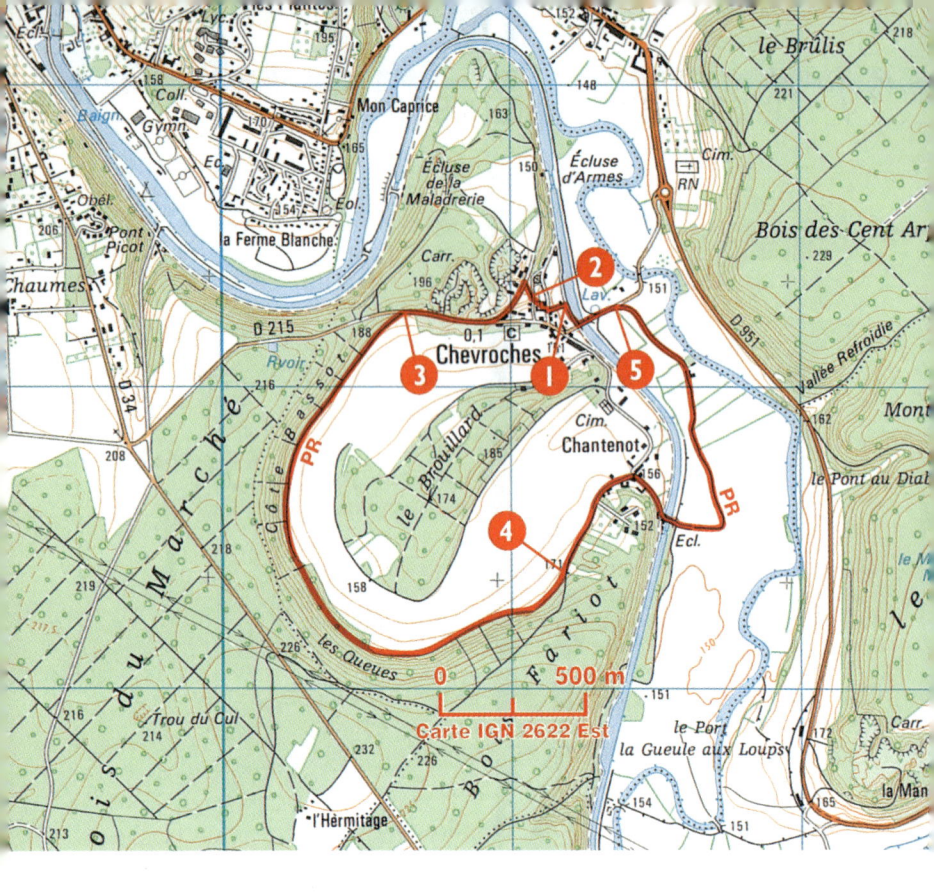

## L'épopée du flottage du bois

Pendant près de trois siècles, des tonnes de bois furent acheminées par voie d'eau depuis les forêts du Morvan jusqu'à Paris, afin d'approvisionner la capitale avec ce bois de chauffage qui lui faisait tant défaut.

Débité en bûches d'un mètre de long, le bois était jeté à l'automne dans des ruisseaux qui l'amenaient jusqu'à l'Yonne grâce à un système de lâchers d'eau.

Ces bûches étaient recueillies dans les ports de l'Yonne et séchaient jusqu'en mars avant d'être à nouveau jetées à la rivière. L'eau des étangs de retenue était alors lâchée pour grossir le flot qui les amenait jusqu'à Clamecy. Là, le bois était trié et marqué du nom du fournisseur. Une fois sec, le bois partait pour Paris sur des trains de bois flottants conduits par des hommes qui exerçaient le métier de flotteur.

Le flottage du bois. *Photo CDT Nièvre*

# L'ancien méandre de l'Yonne — Fiche pratique 15

**1 h 40 — 5 Km**  
171 m / 151 m

Situé à flanc de colline, le village de Chevroches domine le canal du Nivernais, et offre aux passants le charme de ses maisons en pierre de taille et de son église.

*Fusain. Dessin N.L.*

**Situation** Chevroches, à 4 km au Sud-Est de Clamecy par les D 951 et D 215

**Parking** halte nautique

**Balisage**
- ① à ③ blanc
- ③ à ④ jaune
- ④ à ① blanc

❶ De la halte nautique, s'engager dans le chemin du Port, tourner à droite, puis gravir les escaliers à gauche pour atteindre la place de l'Eglise.

❷ Monter par le chemin Charles-Loupot et prendre à gauche la rue qui domine le village. Emprunter la D 215 à droite sur 200 m (*anciennes carrières de la Bussière à droite*).

❸ Bifurquer à gauche sur le sentier qui longe l'ancien méandre de l'Yonne, et le suivre sur 2 km.

❹ Continuer en face par le chemin qui mène à Chantenot. A la croix, emprunter à droite la route qui rejoint l'écluse. Traverser le pont et poursuivre en face par le chemin qui vire à gauche et longe la vallée de l'Yonne.

❺ Prendre la D 215 à gauche, franchir le pont qui enjambe le canal du Nivernais, puis tourner à droite pour retrouver la halte nautique.

*La rivière d'Yonne. Photo Randonièvre*

## À voir

### En chemin

■ Chevroches : halte nautique (ancien port du canal), église Saint-Amateur 17e
■ anciennes carrières de la Bussière ■ ancien méandre de l'Yonne ■ vestiges gallo-romains

### Dans la région

■ Clamecy : musée d'Art et d'Histoire Romain Rolland, collégiale Saint-Martin, pertuis de l'Yonne et du Beuvron, maisons à colombages ■ Surgy : site d'escalade des roches de Basseville

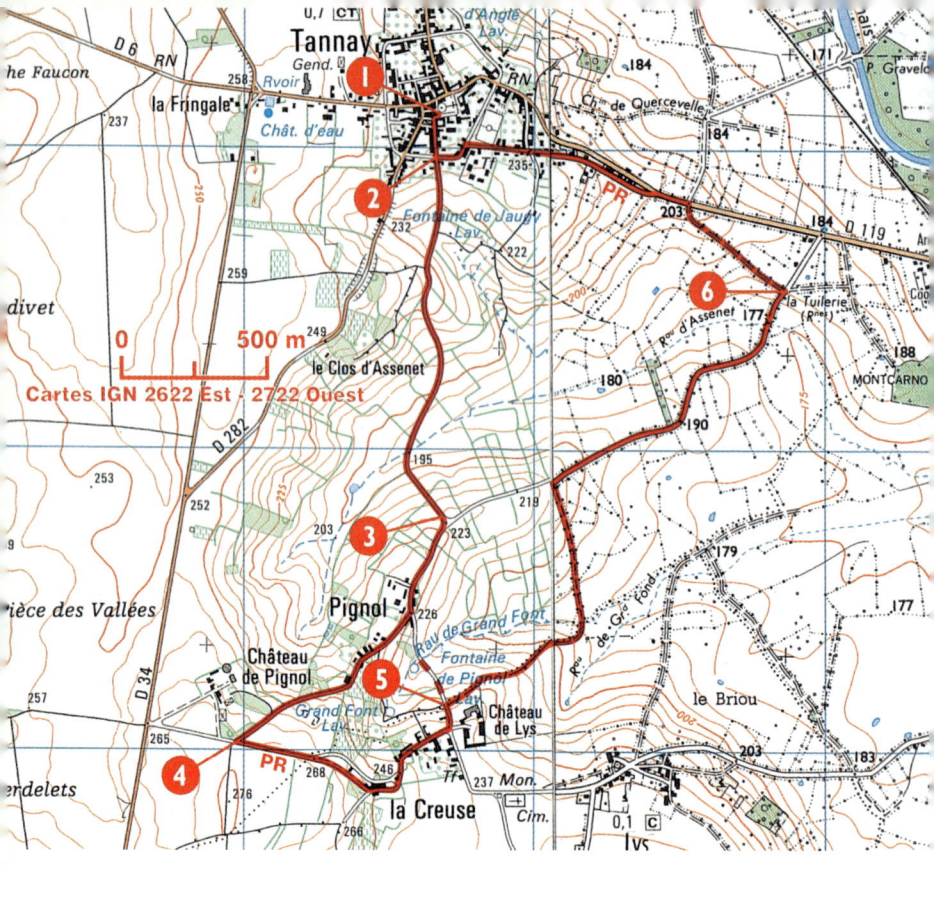

## Les coteaux tannaysiens

Le vignoble de Tannay a été réhabilité depuis une dizaine d'années sous l'impulsion de quelques maîtres-vignerons désireux de faire revivre la réputation des vins de Tannay. Planté au 13e siècle par les moines de la collégiale de Tannay, ce vignoble connut une grande prospérité et contribua beaucoup à la richesse de la ville avant d'être ravagé au 19e siècle par le phylloxéra, puis délaissé au fil des crises économiques.

Les vignes replantées ces dernières années sur des coteaux situés entre Tannay, Amazy et Asnois, couvrent aujourd'hui une trentaine d'hectares, permettant ainsi de faire revivre des vins blancs tels le melon ou le chardonnay, des vins rouges à base de pinot noir et de gamay, ainsi que le ratafia, fameux mélange de jus de raisin et d'alcool de marc distillé localement.

Vignobles de Tannay. *Photo Randonièvre.*

# Les châteaux de Tannay

**Fiche pratique 16**

2 h 20 — 7 Km
268 m / 177 m

Venez découvrir sur les pentes des collines tannaysiennes les châteaux de Lys et de Pignol…et terminez ensuite votre balade par un dégustation du vin de Tannay…

Renard.
*Dessin P.R.*

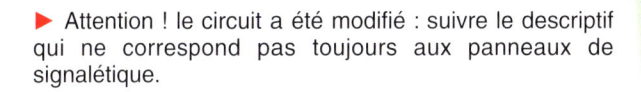

**Situation** Tannay, à 13 km au Sud-Est de Clamecy par la D 34

**Parking** place de l'Eglise

**Balisage** bleu-blanc

**Difficulté particulière**
■ panneaux de signalétique ne correspondant pas au descriptif

Ne pas oublier

▶ Attention ! le circuit a été modifié : suivre le descriptif qui ne correspond pas toujours aux panneaux de signalétique.

❶ De la place de l'Eglise, prendre la rue de Lys à gauche (Sud).

❷ Continuer par le chemin de Pignol.

❸ A la patte d'oie, prendre la route à droite, en direction de Pignol. Traverser le hameau et bifurquer sur la route à droite vers le château de Pignol. La route longe son parc.

❹ Au croisement, emprunter la route à gauche jusqu'à La Creuse. Traverser le hameau en direction du château de Lys et, face au château, se diriger à gauche sur 80 m. Atteindre une intersection.

▶ Possibilité de continuer tout droit pour voir la fontaine de Pignol et son lavoir.

❺ S'engager à droite sur le chemin qui se faufile entre les prés. Longer le mur du château, descendre, franchir le ruisseau, puis remonter. Descendre par la route à droite sur 1 km.

❻ Dans la côte, emprunter le chemin herbeux à gauche. Longer la D 119 à gauche, puis monter par la rue des Moulins à gauche. Passer devant le stade de football et suivre la rue des Fossés-Sud.

❷ Par la rue de Lys à droite, rejoindre l'église.

## À voir

### En chemin

■ Tannay : collégiale gothique Saint-Léger 13e, maison de maître-vigneron, caves de Tannay (visite et dégustation)
■ château de Pignol privé (portail 17e) ■ château de Lys 18e (privé) ■ lavoir de la fontaine de Pignol

### Dans la région

■ Metz-le-Comte : église Notre-Dame-de-l'Assomption 12e ■ Amazy : lavoir, église Saint-Franchy 16e (clocher octogonal), chapelle Saint-Roch 16e

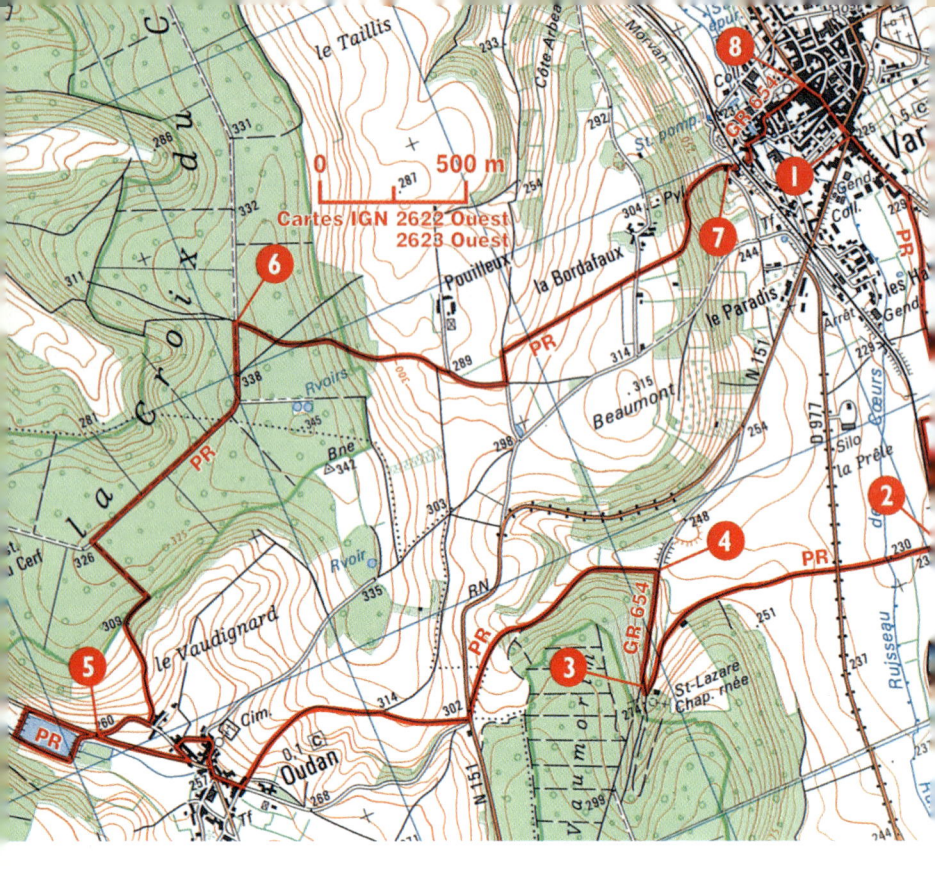

## Varzy et le pèlerinage

**É**vénement culturel important du Moyen Age, le pèlerinage de Saint-Jacques-de-Compostelle a eu une grande influence sur l'art et les civilisations des pays d'Europe Occidentale.

Triptyque de Sainte-Eugénie, dans l'église de Varzy.
Photo Camosine.

Animés par une grande ferveur religieuse, les pèlerins venaient de toute l'Europe en empruntant différentes routes qui convergeaient vers Saint-Jacques-de-Compostelle, en Espagne. Ils allaient ainsi, unis dans un même objectif, se recueillir au pied de la tombe de l'apôtre éponyme.

Etape sur les chemins de Saint-Jacques, Varzy est riche du legs de ce pèlerinage, tant par ses bâtiments religieux que par ses objets d'art religieux.

Les pèlerins qui faisaient halte pour se recueillir devant les reliques de Sainte-Eugénie créèrent la richesse de la ville par leurs dons divers et leurs achats de cierges.

# La forêt de Varzy

**Fiche pratique 17**

**3h — 11 Km**

238 m / 225 m

Au départ de Varzy, ville-étape sur le chemin de Saint-Jacques-de-Compostelle, cette balade vous fera découvrir les édifices religieux consacrés au pèlerinage, ou hérités des Croisades…

*Laurier des bois. Dessin N.L.*

**Situation** Varzy, à 17 km au Sud-Ouest de Clamecy par la N 151

**Parking** place des Promenades

**Balisage**
- ❶ à ❸ jaune
- ❸ à ❹ blanc-rouge
- ❹ à ❼ jaune
- ❼ à ❽ blanc-rouge
- ❽ à ❶ jaune

❶ De la place des Promenades, prendre la D 105 à droite en direction de Parigny-la-Rose. A la sortie de Varzy, quitter la route et emprunter le chemin à droite jusqu'au second croisement. Tourner à droite. Le chemin vire à gauche et longe la voie de chemin de fer sur 400 m.

❷ Franchir le passage à niveau à droite et continuer par le chemin entre les champs. Traverser la D 977, poursuivre en face et atteindre la chapelle Saint-Lazare. Virer à droite en angle aigu.

❸ A l'intersection, descendre par le chemin à droite (*chemin de Saint-Jacques venant de Vézelay*) sur 300 m.

❹ Monter par le chemin à gauche, traverser la N 151 et continuer en face par le chemin empierré (*ancienne voie gallo-romaine*). Il mène au village d'Oudan. Prendre la rue à droite, monter à droite jusqu'à l'église. Emprunter deux fois la rue à gauche, puis suivre la route à droite pour rejoindre l'étang (*ancienne retenue d'eau pour le flottage du bois*).

❺ Faire le tour de l'étang.

❺ Bifurquer sur la route à gauche, puis grimper à gauche dans les bois. Suivre l'allée forestière à droite sur 1 km, en ignorant les autres chemins.

❻ Descendre à droite par le chemin creux, poursuivre par la route sur 200 m puis, dans le virage, s'engager sur le chemin à gauche et tourner à droite. Traverser la route et descendre en face.

❼ Passer sous le pont de chemin de fer, prendre la rue du Chapître à gauche, passer près du lavoir-abreuvoir et rejoindre la place de l'Eglise.

❽ Par la rue Delangle à droite, retrouver la place des Promenades.

## À voir

### En chemin

■ Varzy : église gothique Saint-Pierre-ès-Liens 13e (triptyques et reliquaires), lavoir-abreuvoir 18e, mail des Grandes-Promenades 17e-19e, musée Auguste Grasset, hôtel de l'Ecu 17e, ancien hôtel-Dieu 18e ■ Vaumorin : chapelle Saint-Lazare 12e (vestiges de la léproserie) ■ Oudan : église Saint-Germain-l'Auxerrois 15e, lavoir, abreuvoir ■ ancien étang de retenue pour le flottage du bois

### Dans la région

■ Corvol-l'Orgueilleux : source miraculeuse, chapelle du Prieuré 12e, maison du Docteur-Minxit (personnage de l'écrivain Claude Tillier) ■ Menou : château 17e et son parc (ouvert au public)

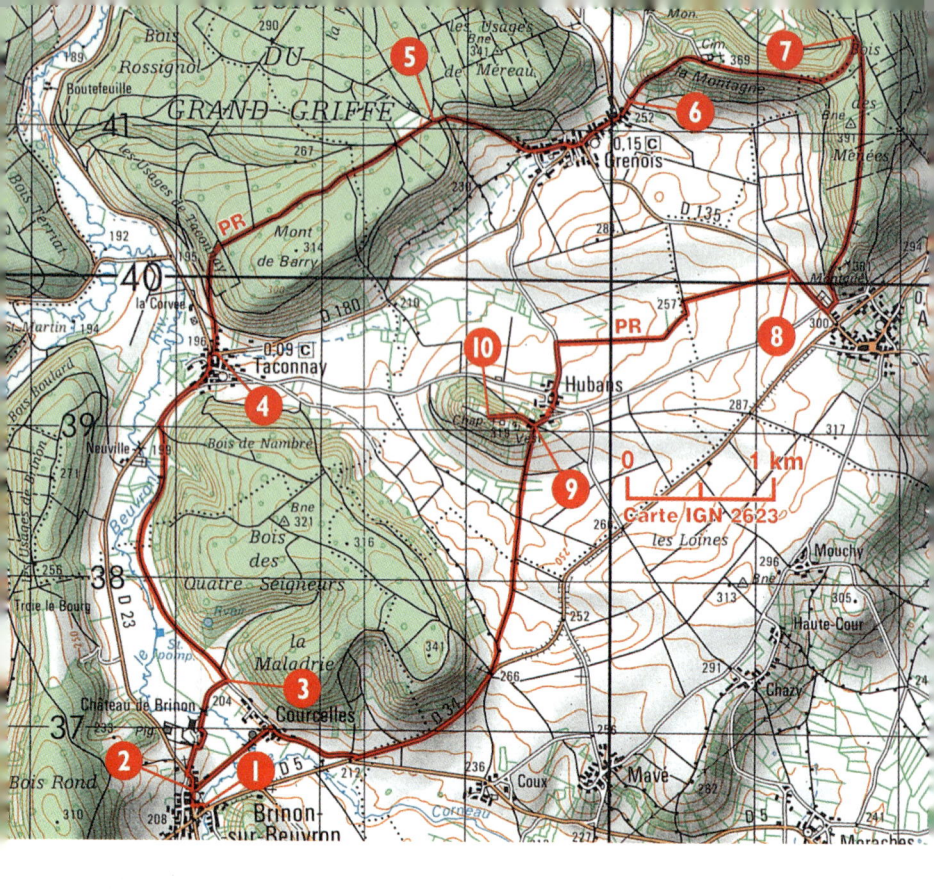

## Sur les collines du Beuvron

Sur les hauteurs de Grenois s'élève la chapelle de la Montagne, protégée par son petit cimetière et sa croix. Edifiée au 12e siècle par des Bénédictins, elle fut placée à l'endroit d'une source sacrée, dont le puits se retrouva encastré dans le mur du chœur. La profondeur de ce puits serait égale à la hauteur du clocher, mais son originalité réside surtout en sa margelle taillée dans une seule pierre. La chapelle servit longtemps de lieu de culte aux habitants des villages de Grenois et de Talon, qui accédaient au sommet de la colline par de petits sentiers à travers bois.

Mais elle fut abandonnée au 19e siècle au profit de l'église de Grenois et tomba en ruine. Malgré sa restauration au siècle suivant, seuls son chœur ogival, ses colonnes romanes et son clocher purent être conservés.

Chapelle de la Montagne à Grenois. *Photo Randonièvre.*

# Chapelles autour de Brinon — Fiche pratique 18

*Une randonnée sportive sur les chemins de crêtes de la vallée du Beuvron, à la découverte d'un riche patrimoine de chapelles datant du 12e siècle.*

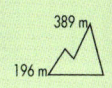

**4 h 30 — 18 Km**

389 m / 196 m

**Situation** Brinon-sur-Beuvron, à 24 km au Sud de Clamecy par la D 23

**Parking** place du village

**Balisage** jaune

**Difficulté particulière**

■ terrain glissant par mauvais temps entre ❹ et ❺ puis ❻ et ❼

■ en période de chasse, se renseigner en mairie

*Ne pas oublier*

❶ Partir au Nord par la D 23 en direction de Taconnay.

❷ Laisser la route de Courcelles à droite et gagner la sortie du bourg. A la croix, bifurquer à droite. Contourner le château par la droite et poursuivre par la route sur 300 m.

❸ Dans le virage, s'engager à gauche sur le chemin de terre. Il longe la vallée du Beuvron. Emprunter la D 23 à droite et traverser Taconnay.

❹ Au carrefour des D 23 et D 180, se diriger à droite, puis emprunter à gauche la rue parallèle à la D 23. Grimper la pente raide à travers bois sur 800 m, puis prendre à droite le chemin de crête sur 1,8 km en ignorant les autres voies (*vue sur la vallée du Beuvron*).

❺ Au bout du chemin, à la rupture de la pente, descendre à droite par le chemin creux, puis par le large chemin empierré et traverser Grenois.

❻ A la sortie du virage, après la rue Henri-Bachelin, monter à droite par le chemin herbeux qui mène à la chapelle de la Montagne. Contourner la chapelle et prendre le chemin de crête sur 800 m jusqu'à une bifurcation. Suivre à gauche le chemin qui longe un fossé marquant la limite de la commune de Grenois, sur 300 m.

❼ Emprunter la voie forestière à droite, en angle aigu, sur 100 m, puis la large voie herbeuse à droite sur 1 km, à travers la forêt de pins. Descendre à la Vierge d'Asnan, puis au cimetière. Prendre la D 135 à droite.

❽ S'engager sur le chemin de terre à gauche, puis emprunter la route à gauche et gagner Hubans. Traverser le hameau et gagner le pied de la butte.

❾ Monter par le chemin à droite à la chapelle de Hubans.

❿ Revenir sur ses pas.

❾ A la maison, prendre le chemin à droite. A la croix, descendre par la D 34 à droite sur 1 km et, au carrefour, bifurquer à droite sur la route de Courcelles. Dans le hameau, emprunter la route à gauche et retrouver Brinon.

❷ A gauche, rejoindre le point de départ.

## À voir

### En chemin

■ Brinon-sur-Beuvron : église Saint-Etienne 16e, château 15e (privé) ■ Grenois : chapelle de la Montagne 12e ■ Asnan : Vierge d'Asnan ■ Hubans : chapelle de Hubans 12e

### Dans la région

■ Saint-Révérien : site archéologique de Compierre, bourgade gallo-romaine (temple, habitat, théâtre)

## Aux portes du Morvan

Véritable butte-témoin, le mont Sabot domine les paysages environnants et offre un vaste panorama sur les Vaux d'Yonne et le Morvan. Ses flancs abritent une végétation dense et sauvage, tandis qu'une chapelle romane se dresse à son sommet. Le mont Sabot a toujours exercé une certaine fascination sur les hommes. Ainsi, Jules Renard écrivait à son sujet dans son Journal : « Une butte à pic. De quoi mettre une chapelle, quelques arbres, et quelques tombes. [...] Un sentier tourne autour de la butte comme une jarretière au-dessus du genou [...]. Une partie de la chapelle est encore couverte de pierres plates. [...] des tombes dans l'herbe, des roses, toute une flore que je ne connaissais pas. Une servante enterrée à côté de son curé avec qui elle a vécu quarante-cinq ans ».

Chapelle du mont Sabot.
Photo J.F.

# Le mont Sabot

**Fiche pratique 19**

**3 h 30 — 14 Km** — 370 m / 234 m

*Une randonnée sportive qui vous mènera au sommet d'un site naturel d'un grand intérêt paysager et historique.*

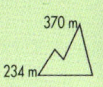

**Situation** Anthien, à 30 km au Sud-Est de Clamecy par les D 985 et D 6

**Parking** chevet de l'église

**Balisage** jaune-bleu

**Difficulté particulière**
■ nombreuses montées et descentes

*Ne pas oublier*

**❶** Du chevet de l'église, emprunter la rue Moreau, puis le chemin empierré qui la prolonge et monte sur le plateau. Couper la D 217, aller en face, laisser un chemin à gauche puis prendre la route à droite. Au carrefour, suivre la D 42 à gauche. Passer la ferme du mont Bué et continuer sur 100 m.

**❷** S'engager sur le chemin à gauche, emprunter la route à droite, laisser une route à gauche, puis quitter la route pour le chemin à gauche. Il grimpe au mont Sabot (*panorama sur les vaux d'Yonne et le Morvan*).

**❸** Quitter le mont Sabot par un sentier abrupt entre les buis. En bas, suivre le chemin à gauche sur 350 m, puis emprunter le chemin à droite. Il passe au pied du mont Bion situé à droite.

**❹** Au croisement, prendre le chemin à gauche et descendre au village de Chitry. Emprunter la D 281 à gauche, puis la route qui monte à Fletz à droite. Dans le hameau, suivre le chemin à gauche. Il mène à la croix de Mont-Vieille.

**❺** Prendre la route à droite, le chemin à gauche en laissant Vignes-le-Haut à droite, et continuer par la route qui descend à Vignes-le-Bas. Emprunter la D 217 à droite.

**❻** En bas du village, bifurquer à gauche, continuer par le sentier qui franchit un thalweg et monte au hameau du Chemin. Gagner le calvaire, descendre par le sentier et poursuivre par la D 6 pour rejoindre l'église.

*Gentiane ciliée.
Dessin N.L.*

## A voir

**En chemin**

■ Anthien : église Saint-Laurent 16e ■ Neuffontaines : mont Sabot (chapelle 12e et cimetière) ■ Vignes-le-Haut : croix de Mont-Vieille, maisons typiques de l'architecture vigneronne ■ Vignes-le-Bas : fontaine du vieux lavoir ■ Le Chemin : calvaire sculpté 18e

**Dans la région**

■ Anthien : château de Villemolin 15e-17e (ouvert au public) ■ Bazoches : château féodal 12e-17e-19e (demeure du maréchal Vauban) ouvert au public, église Saint-Hilaire 17e (chœur de style baroque, tombe du maréchal Vauban), chapelle Saint-Roch 12e

Carte IGN 2723 Ouest

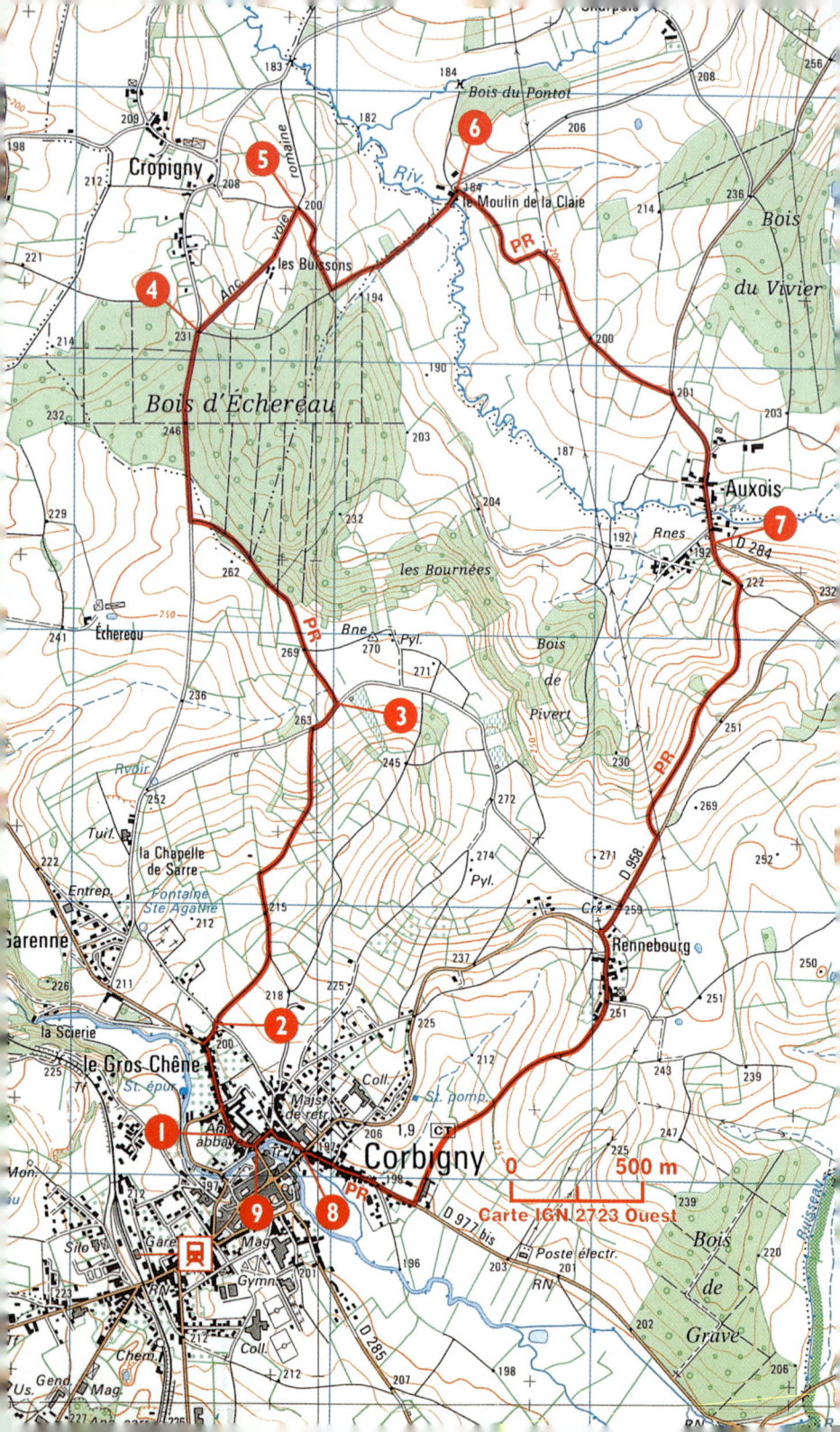

# Le moulin de la Claie

**Fiche pratique 20**

Niché au creux de la vallée de l'Anguison, et situé aux portes du Morvan, Corbigny offre un paysage mêlé de collines, de prairies et de bois alentour.

*Pie bavarde. Dessin P.R.*

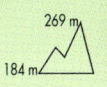

**3 h — 10,5 Km**

269 m / 184 m

**Situation** Corbigny, à 30 km au Sud-Est de Clamecy par la D 985

**Parking** office de tourisme

**Balisage** jaune-bleu

**Difficulté particulière**
■ sol glissant par mauvais temps avant ❻ puis entre ❼ et ❽

❶ De l'office de tourisme, partir en direction de Clamecy par la D 985 sur 300 m. Prendre la rue du Gros-Chêne à droite et traverser le carrefour.

❷ Ignorer l'allée bordée de marronniers à droite et emprunter le chemin empierré. Monter à gauche. Prendre la route à droite sur 100 m.

❸ S'engager sur le chemin à gauche, puis emprunter la route de Cropigny à droite. Elle traverse le bois d'Echereau.

❹ A la bifurcation, suivre la route à droite (*ancienne voie romaine*) et traverser Les Buissons.

❺ Au carrefour des chemins, tourner à droite. Dans l'angle du bois, virer à gauche, franchir l'Auxois (*sol glissant par mauvais temps*) et passer le moulin de la Claie.

❻ S'engager sur le chemin à droite, prendre la D 284 à droite et traverser le village d'Auxois. Franchir le pont et laisser une rue à droite.

❼ Dans le virage, grimper par le sentier en face. A mi-hauteur, bifurquer sur le chemin à droite (*point de vue sur le château de Villemollin*). Emprunter la D 958 à droite jusqu'au virage (*point de vue sur Corbigny*), puis prendre la route à gauche et traverser Rennebourg. Tout droit, longer la ferme et descendre (*sol glissant par mauvais temps*). Suivre la D 977 bis à droite pour revenir à Corbigny.

❽ Au carrefour, continuer en face le long de l'Anguison. Passer le lavoir (*vue sur la tour de la Madeleine et les anciens marécages*), suivre la rue de la Madeleine à gauche (*ancienne abbaye Saint-Léonard à droite et ancien relais de poste à gauche*) et arriver à l'extrémité du pont.

▶ Sur le pont à gauche, vue sur les promenades et les remparts.

❾ Prendre la rue de l'Abbaye à droite pour retrouver l'office du tourisme.

## À voir

### En chemin

■ ancienne voie romaine
■ Anthien : moulin de la Claie et rivière de l'Auxois, point de vue sur le château de Villemollin ■ Corbigny : ancienne abbaye Saint-Léonard 12e-18e, ancienne gendarmerie, anciens marécages, rivière de l'Anguison, relais de poste 18e, tour de la Madeleine 15e, remparts

### Dans la région

■ Corbigny : tuilerie artisanale 18e toujours en fonctionnement, chapelle de Sarre 12e ■ Chitry-les-Mines : village cher à Jules Renard (maison et monument), château 14e-17e (ouvert au public) ■ Cervon : château de Lantilly 17e-19e (ouvert au public)

## La tuilerie de la Chapelle

A quelques pas de la chapelle de Sarre, se trouve l'unique tuilerie artisanale de la Nièvre restée en activité depuis le 18e siècle.
Aujourd'hui encore, elle produit des matériaux en terre cuite, tels des tuiles, des briques et des carreaux, tous essentiellement destinés à la rénovation de bâtis anciens. Ses méthodes de fabrication témoignent d'un respect de la plus pure des traditions.
Extraite de la carrière voisine et exposée aux intempéries, la terre argileuse se travaille d'elle-même grâce à l'action du gel et de la chaleur. Elle est ensuite acheminée à la tuilerie par un rail, puis déposée dans une « faussée » où elle trempe pendant vingt-quatre heures.
Ecrasée ou grattée par l'action de cylindres, la terre est alors moulée en différents produits. Ces derniers sont ensuite placés sous un séchoir, dont la charpente en bois descend jusqu'à un mètre du sol pour permettre à l'air de circuler librement. Les produits sont alors cuits dans un des fours, où l'action du feu de bois leur donne les nuances rougeâtres des couleurs d'autrefois.

## Jules Renard, l'enfant du pays

« J'ai le droit de me dire enfant, enfant par le cœur, de Chitry-les-Mines. C'est bien là que sont nées mes premières impressions. »
Né en 1864, Jules Renard a deux ans quand ses parents s'installent à Chitry-les-Mines, à quelques pas de Corbigny. C'est là qu'il fréquentera l'école du village jusqu'à l'âge de onze ans.
Ces années vécues dans la campagne nivernaise marqueront ses œuvres littéraires. Dans les années 1890, Jules Renard devient une figure du Paris littéraire avec le succès de *L'Ecornifleur, et de Poil de Carotte* où il brosse le portrait de l'enfant souffre-douleur qu'il fut dans sa jeunesse.
Attaché à Chitry, Jules Renard vient régulièrement puiser son inspiration à la Gloriette, sa maison de campagne. Il y rédigera ses *Histoires naturelles*, où il donne sa propre image de l'humanité en une succession de petits portraits sur les animaux auxquels il attribue des qualités et des défauts humains.
Son attachement à Chitry le conduit à être élu maire de la commune de 1904 à 1910.

Poil de Carotte, monument dédié à Jules Renard à Chitry-les-Mines. *Photo B.R./AJR.*

Vue de l'abbaye de Corbigny depuis le pont de l'Anguison. *Photo Randonièvre.*

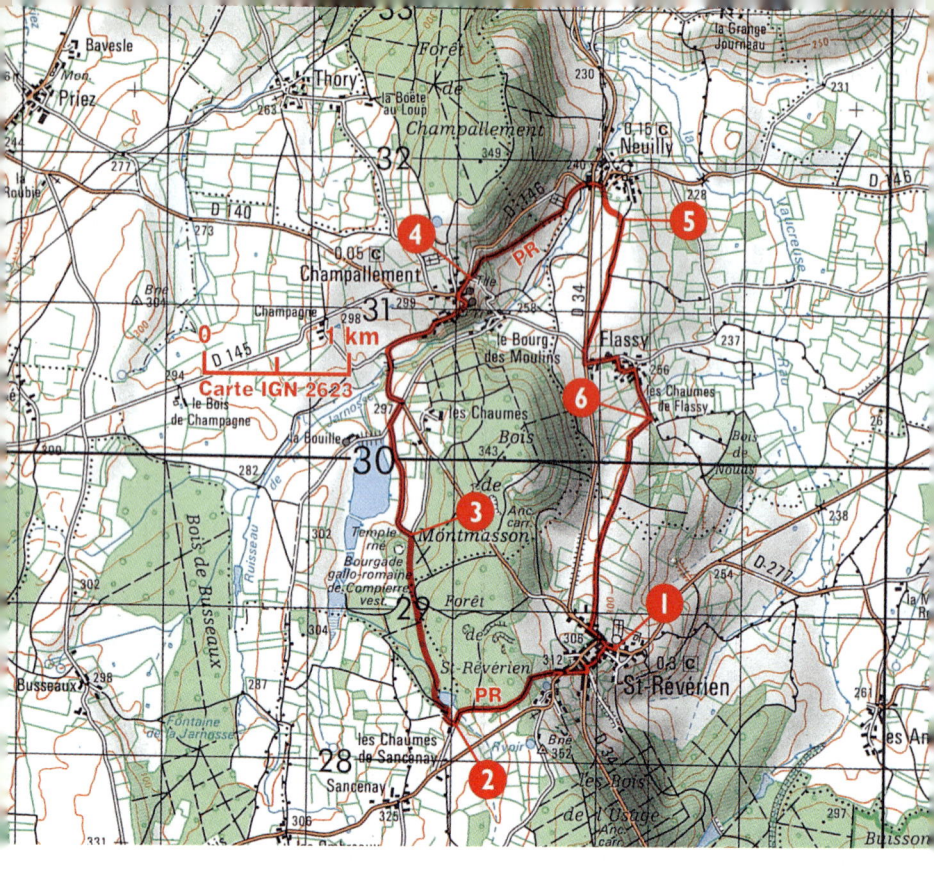

## Les vestiges de Compierre

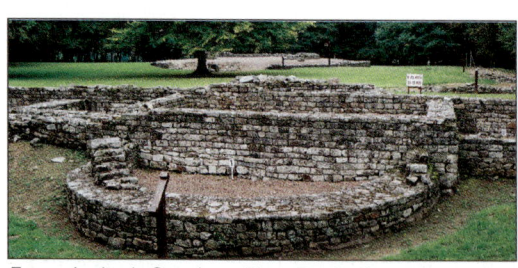

Forum du site de Compierre. *Photo Randonièvre.*

Entre Champallement et Saint-Révérien, la forêt abrite les vestiges archéologiques de Compierre, ancienne bourgade gallo-romaine tombée dans l'oubli après sa destruction par les Romains à la fin du 4e siècle.

Le chemin qui mène actuellement à l'emplacement des ruines était autrefois une voie éduenne qui reliait Autun à Entrains/Nohain et traversait le village situé à flanc de colline.

Des fouilles effectuées au 19e siècle ont mis au jour un site étendu constitué d'un amphithéâtre, d'une maison de boucher-charcutier et d'un forum avec un temple octogonal. Les nombreuses pièces découvertes sont exposées au musée de Clamecy. Depuis la mise en place d'une politique de recherche archéologique, ce site est mis en valeur et présenté au public à l'initiative de l'Association des Amis de Compierre.

# Le site de Compierre

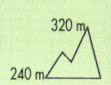

**Fiche pratique 21**

**3 h – 10 Km**

320 m / 240 m

**Situation** Saint-Révérien, à 32 km au Sud de Clamecy par la D 34

**Parking** place de l'Eglise

**Balisage** jaune

Blaireau. *Dessin P.R.*

Ne pas oublier

En suivant l'ancienne voie éduenne, partez à la découverte des vestiges de la bourgade gallo-romaine de Compierre, puis poursuivez votre promenade à travers les hameaux de Champallement, Neuilly et Flassy.

**❶** De la place de l'Eglise, partir à droite, puis prendre la rue à gauche. Traverser la D 34, monter à gauche de la mare, couper la D 977bis et continuer par le chemin en face, en direction des Chaumes-de-Sancenay. Il longe le bois.

**❷** Partir, à droite de la maison, sur le chemin qui descend vers l'étang. Continuer toujours tout droit dans le bois (*ancienne voie éduenne*) et passer les vestiges gallo-romains du site de Compierre, situé à gauche.

**❸** Quitter le site par la route à gauche. Laisser l'étang Neuf à gauche et prendre la route à droite. Au carrefour des Chaumes, suivre la route à gauche. Elle franchit le vallon. Au croisement, emprunter la route à droite et rejoindre Champallement. Traverser le village et continuer par la D 146 en direction de Neuilly.

**❹** Aux dernières maisons, bifurquer à droite sur le chemin de terre qui descend à Neuilly. En bas, passer le pont, traverser la D 34, et 50 m après, s'engager sur le chemin de terre à droite.

**❺** Prendre le chemin rural à droite vers Flassy, continuer par la D 34 sur 50 m et emprunter la route qui traverse Flassy à gauche. Dans le hameau, tourner à droite, puis gagner à droite Les Chaumes-de-Flassy.

**❻** Prendre le chemin de terre à droite. Il rejoint Saint-Révérien. Dans le village, tourner à gauche pour retrouver la place de l'Eglise.

## À voir

### En chemin

■ Saint-Révérien : église 12e (nef, chapiteaux, fresques, portail) ■ ancienne voie éduenne (antérieure à la conquête romaine) ■ site de Compierre : vestiges gallo-romains (temple, habitat, théâtre) ■ Champallement : place du Château, tilleul tricentenaire, panorama

### Dans la région

■ Crux-la-Ville : étang du Merle ■ Lurcy-le-Bourg : logis du Prieur 15e, jardins du château de Lurcy (ouvert au public)

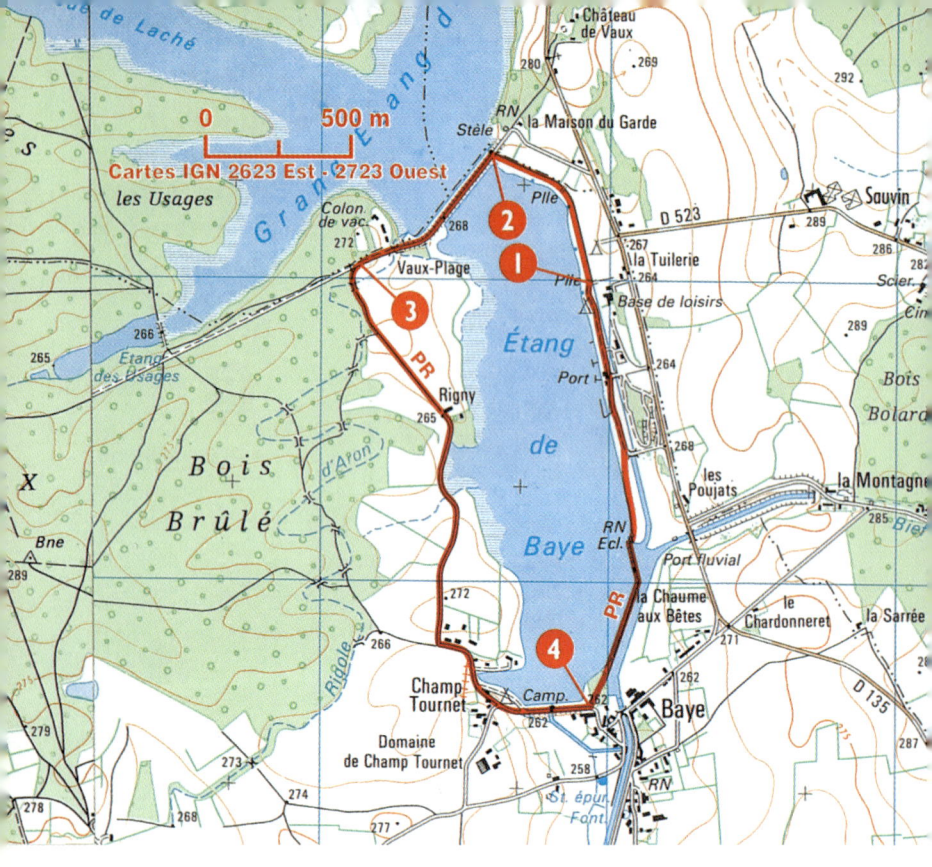

## Un habitant des étangs

Le héron cendré est un migrateur qui se déplace en automne vers l'Espagne et l'Afrique du Nord. Il semble cependant que certains sujets sont sédentaires.
La présence très répandue de cette espèce dans la Nièvre est due à l'attrait de son important réseau hydrographique.
Le héron cendré est attiré par les eaux claires et peu profondes où il peut pêcher en plongeant ou en nageant. Il se nourrit de pêche et de chasse dans un rayon de 15 à 30 km de sa héronnière. Ses proies sont essentiellement des poissons, mais aussi des grenouilles, des insectes et des vers.

Aux étangs de Baye et de Vaux, le héron cendré niche dans les buissons alors qu'habituellement il préfère les cîmes des chênes ou des peupliers.
La ponte a lieu de fin-février à mars, et l'envol des nichées se produit en juin.

Héron cendré.
Photo Randonièvre.

# L'étang de Baye

**Fiche pratique 22**

1 h 40 — 5 Km — 272 m / 262 m

Une balade autour de l'étang de Baye, l'un des bassins d'alimentation du canal du Nivernais. Réputé pour sa flore remarquable, ce lieu est également un site d'observation privilégié pour l'ornithologie.

**❶** Traverser la rigole pour rejoindre le bord de l'étang et le suivre à droite jusqu'au bas de la digue qui sépare les étangs de Vaux et de Baye. Monter les escaliers.

▶ Jonction avec le sentier de découverte du Martin-Pêcheur.

**❷** Emprunter la digue à gauche (*site d'observation ornithologique*). Passer la colonie de vacances.

**❸** S'engager sur le premier sentier à gauche, rejoindre Rigny, continuer par la route et longer le camping. Poursuivre par la digue et arriver au parc boisé au bord de l'étang.

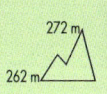

**❹** Traverser le parc et emprunter la digue qui sépare l'étang de Baye du canal du Nivernais. Longer l'étang, puis rejoindre la base de loisirs.

Martin-pêcheur.
Dessin P.R.

**Situation** Baye, à 43 km au Sud de Clamecy par les D 951, D 985, D 958 et D 523

**Parking** base nautique

**Balisage** jaune

**Difficulté particulière**
■ chemin boueux en hiver après ❹

Ne pas oublier

## À voir

### En chemin
■ base nautique (voile, planche à voile, aviron et canoë-kayak) ■ sentier de découverte du Martin-Pêcheur ■ étangs de Baye et de Vaux ■ pôle d'observation ornithologique ■ port des Poujats

### Dans la région
■ Vaux : sentier de découverte du Héron Cendré ■ canal du Nivernais : ■ Port-Brûlé : croisières commentées de la péniche Aster, bateau-promenade de Châtillon-en-Bazois (renseignements à la Maison du Bazois) ■ voûtes de la Collancelle, vallée de Sardy (échelle de seize écluses)

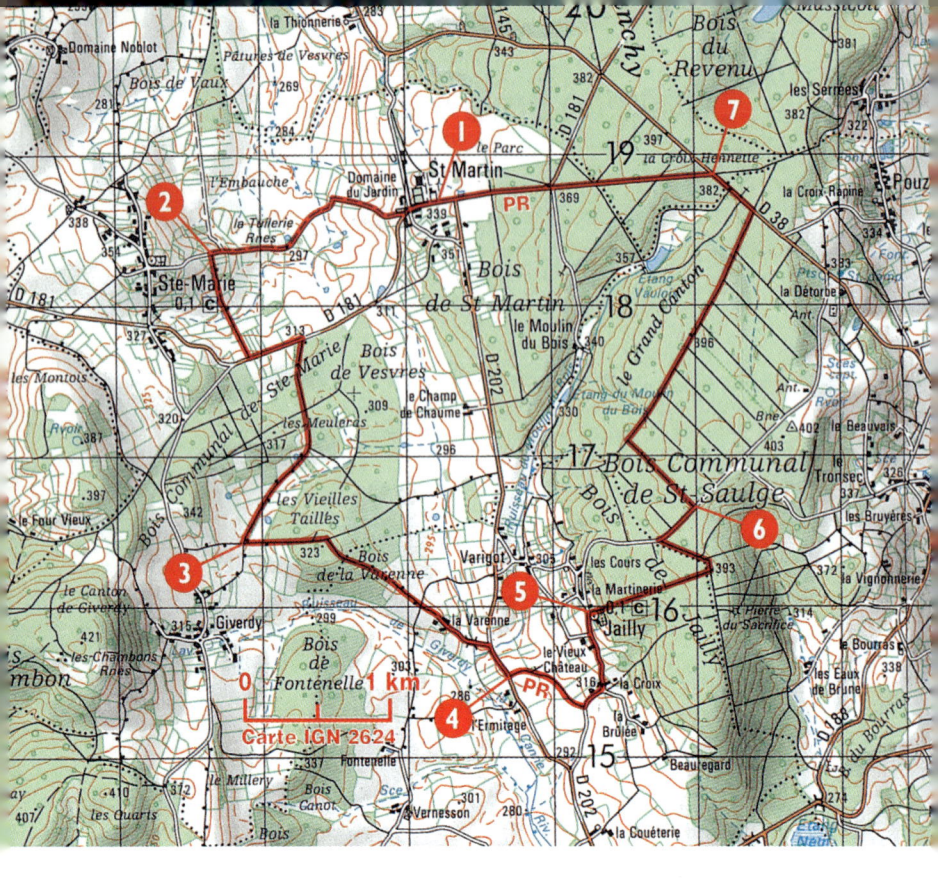

## Une église en Nivernais

Dominant le bourg de Jailly, l'église Saint-Sylvestre étonne souvent les passants. Sa construction en gradins, à flanc de colline, n'est pas sans rappeler l'église du prieuré clunisien de La Charité-sur-Loire, tandis que son clocher octogonal ressemble étrangement à celui de l'abbaye de Cluny.
Toutefois, son portail voûté reste à lui seul une curiosité : richement orné de frises, il se dresse fièrement en avancée, face à un tilleul tricentenaire, malgré sa travée aujourd'hui disparue.
De style roman, l'église fut édifiée aux 11e et 12e siècles par les bénédictins, avec les pierres des carrières voisines. Son aspect inachevé a donné lieu à une légende, selon laquelle *« l'église fut bâtie par des fées qui voulaient l'achever en une nuit, mais l'aube qui pointait les en empêcha »*.

Portail de l'église de Jailly.
*Photo CDT Nièvre.*

# Autour de Jailly

## Fiche pratique 23

**3 h 30 — 14 Km**
398 m / 292 m

Au plein cœur du Nivernais central, une randonnée au milieu d'une campagne verdoyante, parsemée de ruisseaux, d'étangs et de vastes forêts.

*Chanterelle. Dessin N.L.*

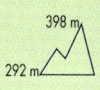

**Situation** Saint-Martin (commune de Sainte-Marie), à 29 km au Nord-Est de Nevers par les D 978, D 958 et D 202

**Parking** gîte d'étape

**Balisage** jaune

**Difficulté particulière**
■ en période de chasse, se renseigner à la mairie

❶ Prendre la D 181 en direction de Sainte-Marie, passer le carrefour, puis descendre tout droit par le chemin.

❷ Juste avant Sainte-Marie, suivre le chemin à gauche. Prendre la D 181 à gauche sur 350 m, puis s'engager à droite sur le chemin forestier en direction de Giverdy.

❸ A la croisée des chemins, se diriger à gauche sur 600 m, puis bifurquer à droite et traverser La Varenne. Poursuivre par la D 202 à droite sur 200 m.

❹ Partir à gauche, bifurquer à droite, puis suivre la route à gauche et arriver à La Croix. Tourner à gauche et gagner Jailly. Passer le lavoir.

❺ A l'angle de l'église, monter dans le bois par le chemin à droite. En haut, emprunter la ligne forestière à gauche. Au croisement, prendre la route à droite sur 300 m.

❻ S'engager dans la ligne forestière à gauche. A l'intersection, virer à droite et continuer jusqu'à la D 38. L'emprunter à gauche sur 350 m.

*Ne pas oublier*

❼ Prendre le large chemin à gauche et continuer par la D 181 jusqu'au gîte de Saint-Martin.

## À voir

**En chemin**
■ Saint-Martin : château 19e (privé) ■ Jailly : lavoir, église Saint-Sylvestre 11e-12e

**Dans la région**
■ Saint-Saulge : menhir du Bourras, église (vitraux et vache sur le clocher) ■ Crux-la-Ville : étang du Merle

*Accouplement de crapauds. Dessin P.R.*

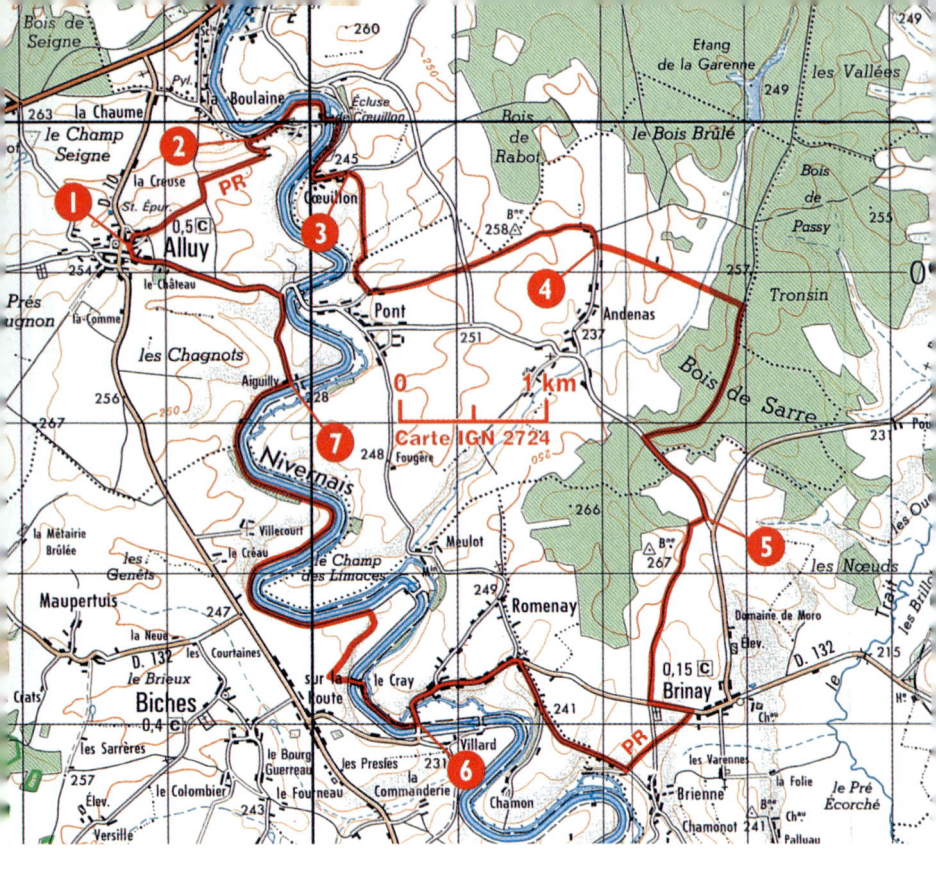

## Un peu d'histoire...

Construit à l'origine pour alimenter Paris en bois de chauffage, le canal du Nivernais permet aujourd'hui de relier les bassins de la Seine et du Rhône.
Les travaux démarrés en 1784 ne s'achevèrent qu'en 1843 à cause de nombreuses difficultés techniques, humaines et financières qui perturbèrent la construction de l'ouvrage.
Après avoir servi au transport de charbon, de pierres et de bois, le canal est désormais un canal ouvert à la navigation de plaisance où les coches d'eau ont remplacé les péniches en bois halées par les hommes puis par les chevaux.

Caractérisé par ses écluses, ses ponts-levis et ses maisons éclusières, le canal s'étend sur 174 kilomètres, de Decize à Auxerre, et est considéré comme l'un des plus beaux canaux d'Europe.

Canal du Nivernais. *Photo R.L./PATCN.*

# Le canal du Nivernais

## Fiche pratique 24

**4 h 45 — 19 Km**

258 m / 226 m

**Situation** Alluy, à 38 km à l'Est de Nevers par les D 978 et D 10

**Parking** place de l'Eglise

**Balisage** jaune

Poule d'eau. *Dessin P.R.*

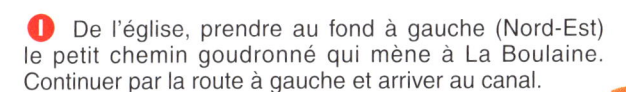

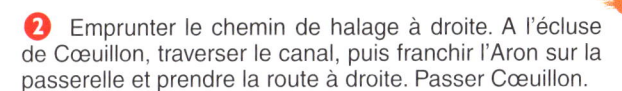

A hauteur d'Alluy, un cheminement sur les rives du canal, bordées de maisons éclusières. Les terres et les fermes aux tuiles rouges du Bazois vous laisseront sous le charme.

**❶** De l'église, prendre au fond à gauche (Nord-Est) le petit chemin goudronné qui mène à La Boulaine. Continuer par la route à gauche et arriver au canal.

**❷** Emprunter le chemin de halage à droite. A l'écluse de Cœuillon, traverser le canal, puis franchir l'Aron sur la passerelle et prendre la route à droite. Passer Cœuillon.

**❸** A la sortie du hameau, bifurquer à droite sur le chemin qui conduit à Pont. Au carrefour, tourner à gauche. Traverser la route et poursuivre jusqu'au croisement.

**❹** S'engager sur le chemin à gauche. Il mène dans le bois de Sarre. A l'intersection, prendre l'allée forestière à droite. Emprunter la D 109 à gauche sur 750 m.

**❺** Avant la patte d'oie, s'engager sur le chemin à droite et arriver au cimetière. Prendre la D 132 à gauche en direction de Brinay. Avant le village, partir en angle aigu à droite, couper la route et continuer tout droit. Emprunter la route à droite sur 800 m puis la D 132 à gauche et traverser Romenay. Poursuivre jusqu'au pont.

**❻** Emprunter le chemin de halage à droite. Au Cray, franchir le pont, continuer par le chemin sur 75 m, puis prendre le chemin à droite et poursuivre par le chemin de halage à gauche jusqu'à Aiguilly.

**❼** Prendre la route à gauche. Au carrefour, continuer par la route à gauche et retrouver Alluy.

## Ne pas oublier

## À voir

### En chemin

■ Alluy : église romane Saint-Pierre 12e-15e (crypte avec fresques) ■ Pont : pont du canal du Nivernais ■ Brinay : église Saint-Denis 12e-16e ■ canal du Nivernais (maisons éclusières et écluses)

### Dans la région

■ Châtillon-en-Bazois : jardins d'eau du château 14e-15e (ouvert au public), pont sur le canal 18e, église Saint-Jean-Baptiste 19e ■ Port-Brûlé (canal du Nivernais) : croisières commentées de la péniche Aster, bateau-promenade de Châtillon-en-Bazois (renseignements à la Maison du Bazois)

75

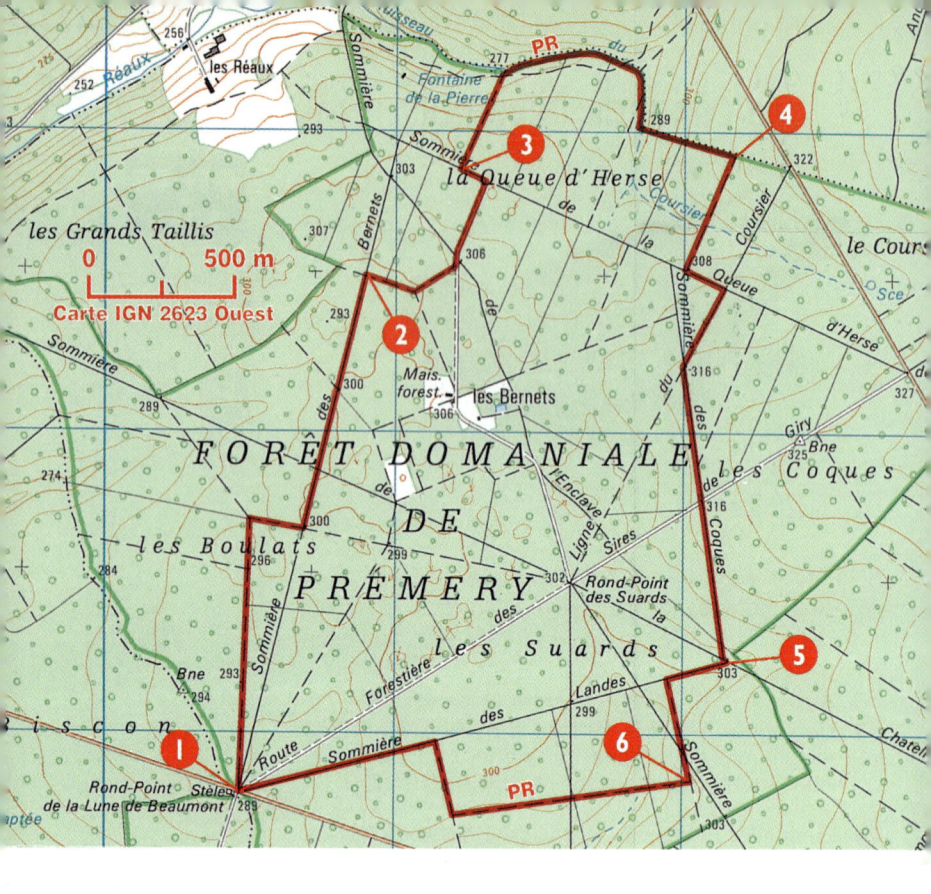

## La butte de Montenoison

La butte de Montenoison. Photo J.F.

**P**arfois appelée « la Montagne », elle offre une vue imprenable sur la vallée du Nivernais et les monts du Morvan. Permettant une surveillance efficace des environs, la butte de Montenoison a depuis toujours exercé un grand attrait sur les hommes, qui installèrent à son sommet un village gaulois, puis un camp fortifié romain.

Selon la légende, la butte aurait été fortifiée par une enceinte de cinquante tours qui renfermait un temple dédié à César.

Au Moyen Age, le camp fit place à une cité féodale et à un château appartenant aux comtes de Nevers. Une maladrerie destinée aux malades et aux pélerins fut également construite. Mais peu à peu, la cité nichée au pied du château fut abandonnée, et ses pierres servirent à construire l'actuel village, situé à mi-pente.

# En forêt de Prémery

**Fiche pratique** 25

**2 h 50 — 8,5 Km**

316 m / 277 m

Ce circuit pédagogique, aménagé par l'ONF, chemine au sein de la forêt domaniale de Prémery, entre les fourrés, sous les hautes futaies, et à travers les taillis…

**❶** Du rond-point de la Lune de Beaumont, prendre le sentier à gauche (*Nord*) sur 700 m, se diriger à droite sur 200 m et emprunter la sommière des Bernets à gauche sur 900 m.

**❷** S'engager sur le sentier à droite, bifurquer à gauche, puis tourner encore à gauche. Prendre la sommière de la Queue d'Herse à gauche.

**❸** S'engager à droite sur le sentier qui descend à la fontaine de la Pierre. Longer le ruisseau du Coursier à droite, puis monter à gauche.

**❹** Descendre à droite, franchir le thalweg, puis emprunter la sommière de la Queue d'Herse à gauche sur 75 m. Partir à droite, puis suivre la sommière des Coques à gauche sur 1 km. Prendre la sommière de la Châtellenie à gauche sur quelques mètres.

**❺** Emprunter à droite, en angle aigu, la sommière des Landes sur 200 m et s'engager sur le premier sentier à gauche, traverser la sommière des Prélats et continuer en face sur 30 m.

**❻** Se diriger à droite sur 900 m, en ignorant les deux sentiers à main droite, puis tourner à droite. Prendre la sommière des Landes à gauche et regagner le rond-point de la Lune de Beaumont.

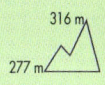

Houx.
*Dessin N.L.*

**Situation** forêt de Prémery (entre Prémery et Beaumont-la-Ferrrière), à 36 km au Nord-Est de Nevers par les D 977 et D 38

**Parking** rond-point de la Lune de Beaumont

**Balisage** bleu

**Difficulté particulière**
■ en période de chasse, se renseigner en mairie

*Ne pas oublier*

## À voir

**En chemin**
■ sentier pédagogique avec découverte de six écosystèmes (fourré, haute futaie, litière, souille, lisière et arbre mort)
■ fontaine de la Pierre

**Dans la région**
■ Prémery : collégiale Saint-Marcel 13e (Piéta), vestiges de la tour des Pendus 15e, château des Evêques 14e-16e (privé) ■ butte de Montenoison (panorama sur les monts du Morvan, table d'orientation) ■ château d'Arthel 17e-18e et château de Giry 14e-17e (ouverts au public)

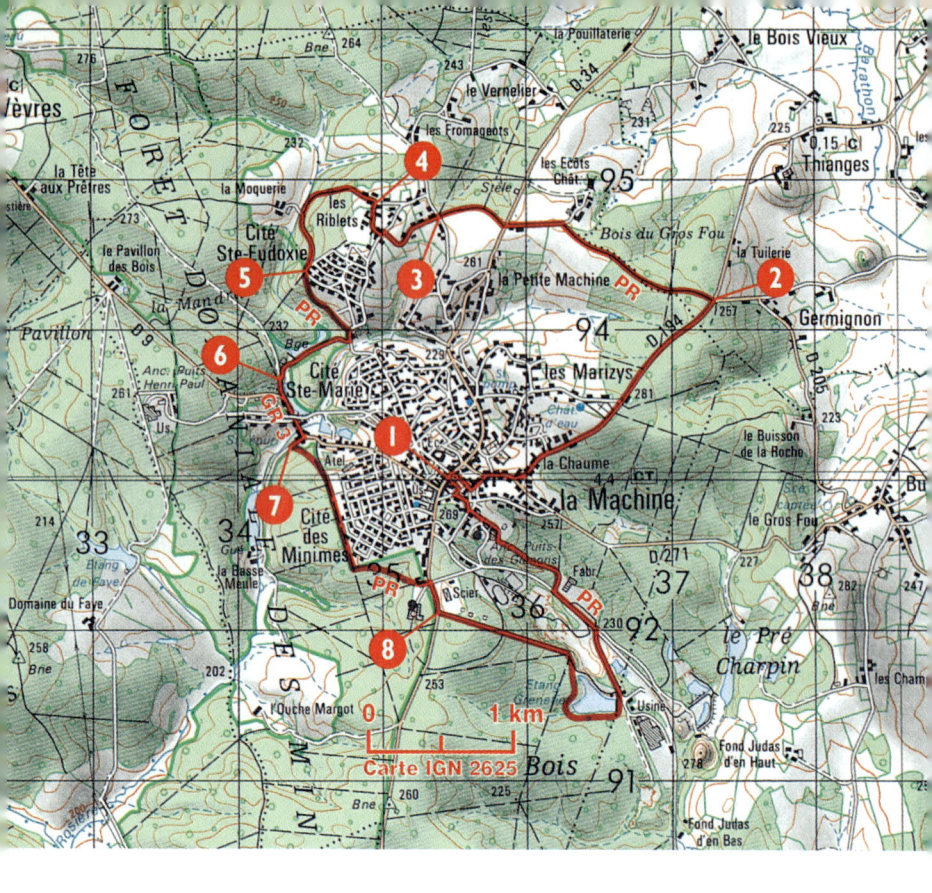

## Les houillères de La Machine

Leur exploitation débuta en 1669 sous l'impulsion de Colbert. La venue de nombreux professionnels permit l'invention d'une machine à extraire le charbon, qui donna son nom à la ville. Dès lors, la houille ne fut plus exploitée à partir de la surface, mais par extraction souterraine. La ville connaît une véritable expansion économique à partir de 1868 sous la direction de la compagnie Schneider. Plusieurs puits d'extraction et ateliers voient ainsi le jour. Teintée de paternalisme, la gestion de Schneider s'étend à l'habitat, aux loisirs et à l'éducation des mineurs. Des cités sont construites pour loger les familles. Nationalisées en 1946, les mines réussissent à survivre jusqu'en 1974. Aujourd'hui, le musée de la Mine et la mine-image proposent de découvrir le quotidien des mineurs.

Chevalement du puits des Glénons.
Photo E.D./Sce du Patrimoine et des Musées, CG 58.

# Les mines de La Machine

**Fiche pratique 26**

3 h 30 — 14 Km
281 m / 217 m

Partez sur les traces de la vie minière grâce à ce parcours qui traverse les cités ouvrières de La Machine. La visite de la mine-image du puits des Glénons et du musée de la Mine seront autant de moments forts.

**Situation** La Machine, à 38 km au Sud-Est de Nevers par les N 81 et D 34

**Parking** place de la Mairie

**Balisage**
- ❶ à ❻ jaune
- ❻ à ❼ blanc-rouge
- ❼ à ❶ jaune

Ne pas oublier

Muguet.
Dessin N.L.

❶ De la place de la Mairie, partir en direction du nouveau cimetière par la route de Thianges (*D 194*). Passer le cimetière et poursuivre jusqu'au carrefour de la route de Germignon.

❷ Prendre à gauche la ligne qui monte dans le bois, puis atteindre la ferme du château des Ecôts. Emprunter la route à gauche, traverser la D 34 et continuer en face par le sentier qui longe le bois et gagne Les Cendriers.

❸ Prendre la route à gauche sur quelques mètres, puis partir à droite entre les maisons. Faire de même au croisement suivant pour gagner Les Riblets.

❹ S'engager dans l'impasse à gauche et continuer par la sente qui descend vers la ferme de la Moquerie. Avant le pont, remonter tout droit dans le bois et atteindre le lotissement de Sainte-Eudoxie.

❺ A la première maison dans le virage, bifurquer à droite sur le sentier forestier qui longe la lisière. Prendre le chemin à droite, tourner à droite et longer l'étang Neuf.

❻ Emprunter la route forestière à gauche. Poursuivre par la D 9 et arriver au carrefour des Fenaults. Prendre la petite route à droite sur 150 m.

❼ Monter dans le bois par la sente à gauche et continuer à droite en lisière pour passer la cité des Minimes. A l'angle du bois, virer à gauche sur le sentier transversal qui mène aux bâtiments communaux. Emprunter la D 34 à droite.

❽ S'engager sur le premier chemin à gauche. Il descend à travers le bois des Glénons vers l'étang Grènetier. Faire le tour de l'étang par la droite, suivre la digue et prendre la route à gauche. Tourner à gauche puis à droite vers la fabrique et se diriger à gauche. Passer l'ancien puits des Glénons et revenir sur la place de la Mairie.

## À voir

### En chemin

■ La Machine : musée de la Mine ■ château des Ecots (privé) ■ étang Neuf ■ étang Grènetier (aménagé pour la pêche et la baignade) ■ reconstitution de la mine au puits des Glénons

### Dans la région

■ Béard : église romane clunisienne Saint-Laurent 12e (clocher) ■ Verneuil : église Saint-Laurent (peintures murales) ■ Decize : promenade des Halles, tour de l'Horloge 19e, remparts et tours d'enceintes, église Saint-Aré 11e-16e (crypte), porte du Marquis d'Ancre 15e ■ carrefour de voies navigables : Loire, canal latéral à la Loire, canal du Nivernais et rivière Aron

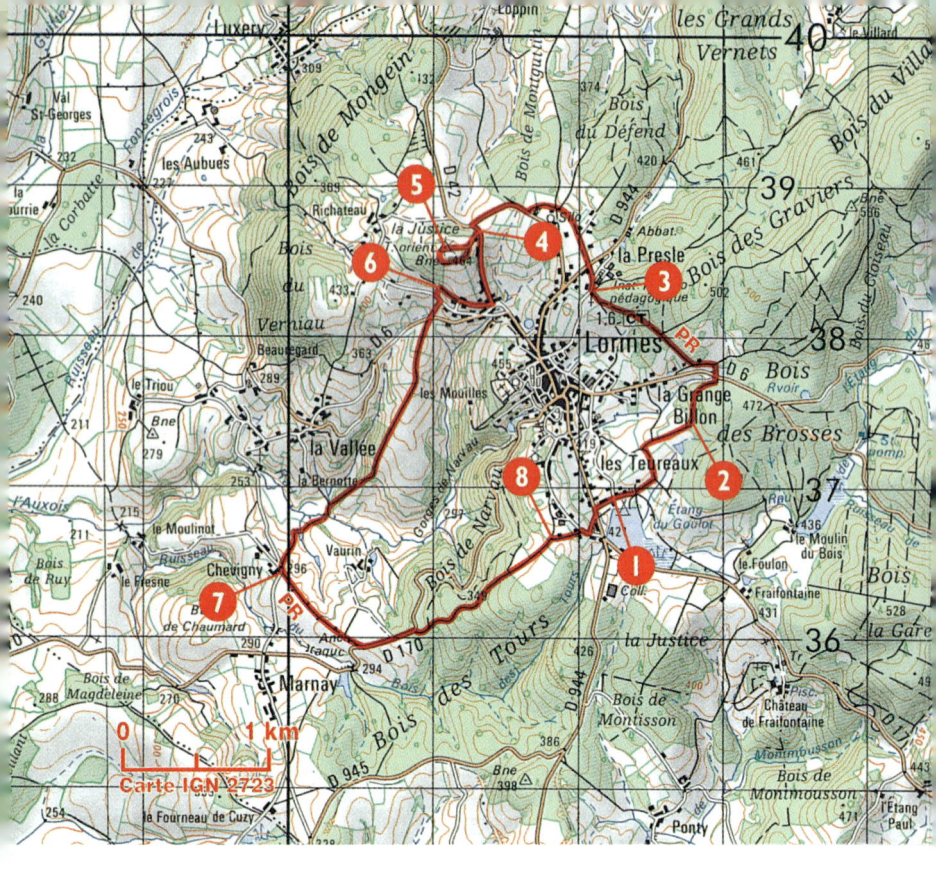

## Lormes et sa région

Le Morvan occidental, ou « Haut Morvan des collines » est un pays essentiellement forestier qui se caractérise par un doux relief où alternent cuvettes et promontoires agrémentés de larges panoramas, tel que le mont de la Justice. Les ruptures de pentes, très fréquentes dans le Sud Morvan, ont ici été atténuées à l'ère quaternaire par l'altération du sol granitique, qui a donné naissance en surface à d'épaisses couches d'arène (sable formé de quartz et de particules d'argile).

Les gorges de Narvau constituent une entaille où s'écoule la cascade de Narvau, formée par les ruisseaux du Goulot et du Cornillat. Elles présentent diverses variétés forestières très intéressantes : une chênaie-charmaie tapissée au printemps par des jacinthes bleues, une chênaie sessiliflore et une érablaie.

Gorges de Narvau de Lormes. *Photo A.M./PNRM.*

# Le mont de la Justice

## Fiche pratique 27

**3 h — 11 Km**

464 m / 255 m

Lormes offre la beauté de ses flancs de collines boisées, des gorges de Narvau, et de son large panorama sur les sommets du Morvan et sur la vallée du Nivernais.

*Tilleul des bois. Dessin N.L.*

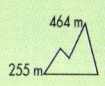

**Situation** Lormes, à 35 km au Sud-Est de Clamecy par les D 951 et D 42

**Parking** camping municipal de l'étang du Goulot

**Balisage** vert

❶ Partir par la rue des Campeurs qui longe le terrain de camping. Au bout, prendre le chemin goudronné de gauche et tourner à droite.

❷ Monter à gauche dans le bois, couper la D 6 et passer sur la digue de l'étang. Prendre la rue de la Grange-Billon à gauche, puis bifurquer sur le sentier à droite. Il franchit une combe et arrive à un carrefour.

❸ Prendre la route à droite, couper la D 944 et continuer par la petite route en face sur 200 m. Dans le virage, poursuivre par le chemin, passer une intersection, puis emprunter la D 42 à droite sur 500 m. Au carrefour de La Justice, se diriger à gauche.

*Ne pas oublier*

❹ Monter à droite sur la butte de la Justice (*panneaux*) et gagner la table d'orientation (*panorama sur le Bazois, le Nivernais, et les monts boisés du Morvan*).

❺ Redescendre au pied de la butte.

❹ Descendre à droite à La Maladrerie et prendre, entre les maisons, le premier chemin à droite sur 500 m.

❻ S'engager à gauche sur le sentier étroit, prendre la route à gauche sur 25 m, puis tourner à droite et couper la D 6. Descendre en face par le chemin des Champs de Sarre, longer l'étang, franchir la digue et gagner Chevigny.

❼ Prendre le chemin à gauche, en angle droit, puis monter à gauche par la D 170 sur 300 m et s'engager sur le chemin qui monte dans la forêt à droite. A la sortie du bois, poursuivre sur 200 m jusqu'à une bifurcation.

❽ Emprunter le chemin à droite, puis la rue de la Croix-Châtain à droite et, au hangar, tourner à gauche. Longer le dépôt du service de l'Equipement, couper la D 944 et continuer soit par l'ancienne voie du Tacot, soit par la digue de l'étang, pour rejoindre le parking.

## À voir

### En chemin

■ Lormes : étang du Goulot
■ mont de la Justice (table d'orientation, panorama)

### Dans la région

■ Lormes : gorges de Narvau ■ lac de Chaumeçon (base nautique) ■ activités d'eaux vives sur le Chalaux et la Cure ■ Marigny-l'Eglise : lac du Crescent

81

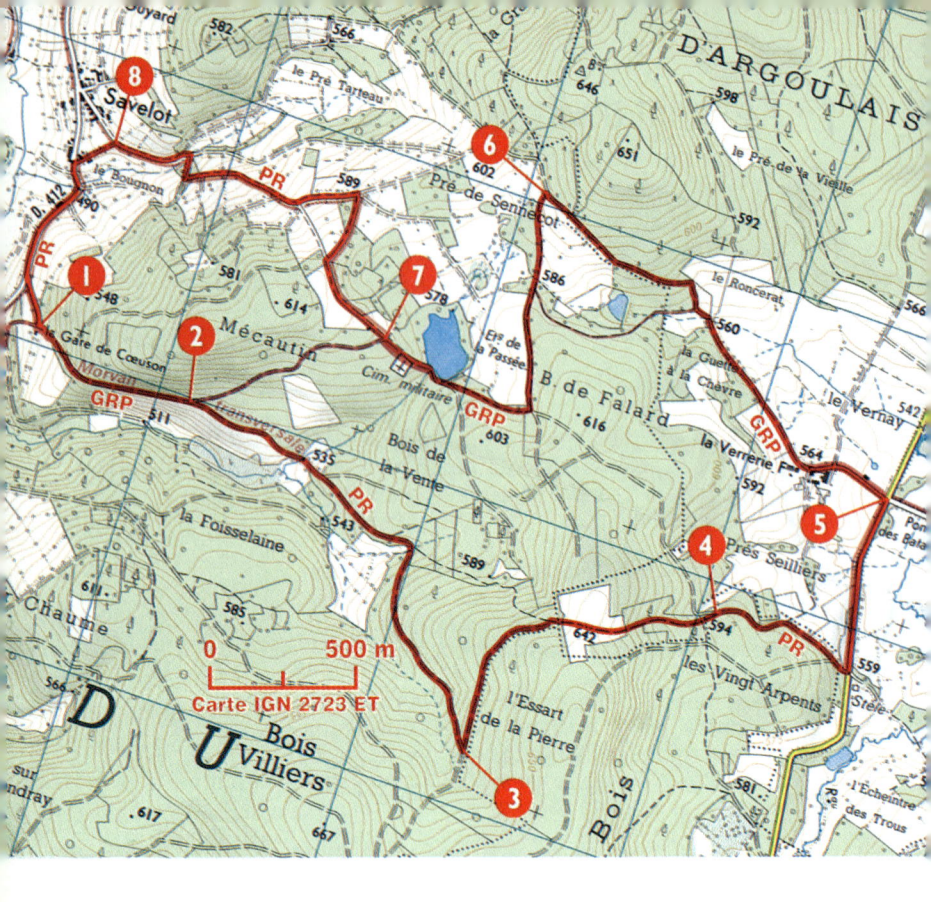

## La résistance en Morvan

Sous l'Occupation allemande, Ouroux-en-Morvan fut un haut lieu de la Résistance. Sa situation géographique faisait de ce village un endroit idéal pour organiser la lutte contre l'occupant : son isolement des grands axes routiers et ses forêts impénétrables permettaient de se cacher aisément des Allemands qui se méfiaient du pays.
Le Maquis Bernard, l'un des premiers maquis fondés, devint vite le plus important du Morvan avec un effectif de 1 200 hommes. Venus de divers milieux sociaux, les maquisards étaient principalement des opposants au régime de Vichy ou de jeunes réfractaires au Service de Travail Obligatoire. Ils bénéficiaient du soutien des habitants, notamment pour le ravitaillement.
Leurs luttes armées permirent à Ouroux d'être libéré en 1944, avant le reste de la Nièvre.

Monument des Fusillés à Dun-les-Places. *Photo A.M./PNRM.*

# Le Maquis Bernard

**Fiche pratique 28**

**3 h — 10 Km**

642m / 490m

Au cœur des vallées encaissées et des forêts de taillis, une randonnée à travers le Maquis sur les traces de la Résistance morvandelle…

Sanglier. *Dessin P.R.*

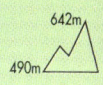

**Situation** Cœuson (commune d'Ouroux-en-Morvan), à 30 km au Nord de Château-Chinon par les D 37, D 17 et D 412

**Parking** ancienne gare de Cœuson

**Balisage**
- ❶ à ❷ jaune-rouge
- ❷ à ❺ jaune
- ❺ à ❼ jaune-rouge
- ❼ à ❶ jaune

Ne pas oublier

❶ De la gare de Cœuson, monter à gauche (Est) dans le bois par le sentier, en laissant les chemins à gauche. Après 800 m à flanc de coteau, arriver à une bifurcation.

❷ Suivre le chemin à droite, franchir le ruisseau et pénétrer dans le bois de conifères et de feuillus. Après le second ruisseau, tourner à droite et monter à travers bois sur 800 m.

❸ Au croisement, prendre le chemin à gauche. Il s'élève en pente douce jusqu'à la crête, à travers bois et champs, puis descend et atteint une intersection, au pied d'un thalweg.

❹ Poursuivre par le chemin à droite, puis déboucher sur la D 37.

▶ La stèle, commémorant l'embuscade de la Verrerie, se trouve à droite.

Emprunter la D 37 à gauche et arriver à un carrefour.

▶ Le pont des Batailles est situé à 200 m sur la route à droite.

❺ Prendre la route à gauche, passer devant la ferme de la Verrerie et continuer par le chemin qui longe le bois. A l'orée du bois, monter à droite, puis virer à gauche, en angle droit, pour entrer dans le bois.

❻ A l'embranchement, descendre à gauche, prendre le chemin à droite et longer l'étang de la Passée puis le cimetière militaire.

❼ A l'intersection, continuer tout droit, puis bifurquer à droite sur le chemin le plus large. Au parking, se diriger à gauche et rejoindre Savelot.

❽ Avant les premières maisons du hameau, emprunter le chemin à gauche, puis la D 412 à gauche. A la bifurcation, partir à gauche pour revenir à la gare.

## À voir

### En chemin

■ stèle commémorative du Maquis Bernard ■ pont des Batailles ■ étang de la Passée ■ cimetière franco-anglais

### Dans la région

■ Ouroux-en-Morvan : église Saint-Germain, station Haut-Morvan VTT, mini-musée de la Vigne, du Vin et de la Tonnellerie ■ lac et barrage de Pannecière ■ lac des Settons (base nautique)

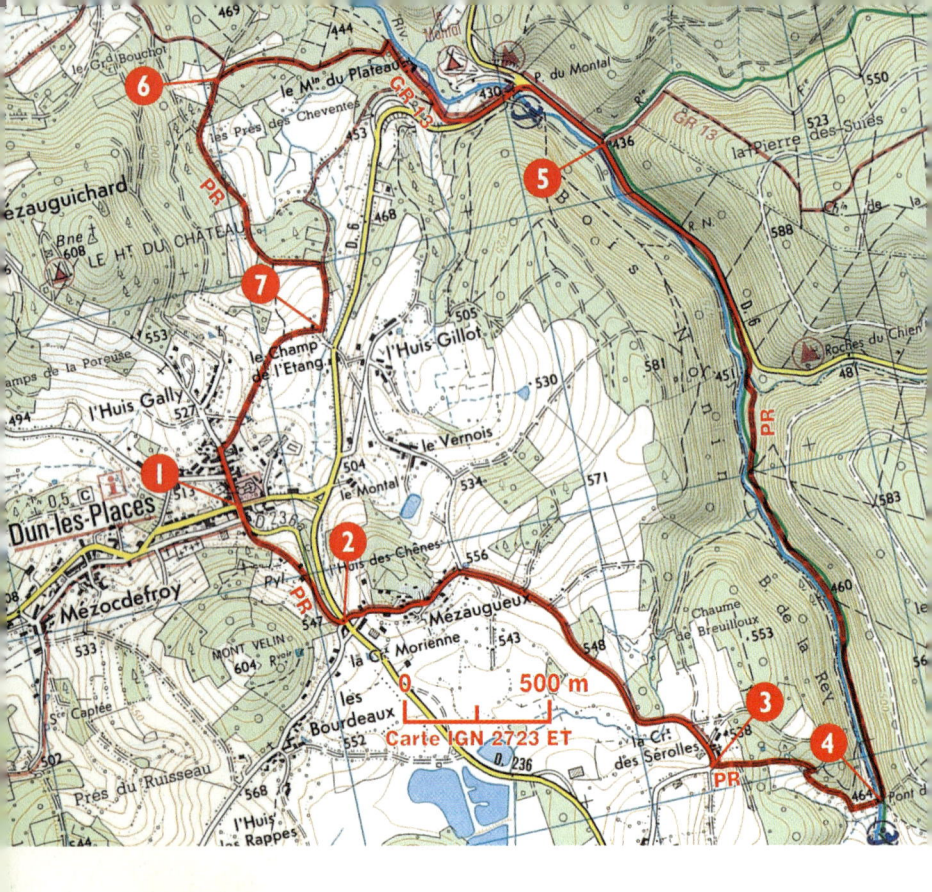

## Au cœur du Morvan...

Située à Saint-Brisson, à quelques pas de Dun-les-Places, la Maison du Parc accueille le siège du Parc Naturel Régional du Morvan. Cette demeure ancienne, composée d'un pavillon de chasse, d'une ferme et de deux bâtiments symétriques, était autrefois un manoir.

Grâce à son cadre naturel et préservé, la Maison du Parc propose de découvrir le Morvan et ses attraits. Son parc se compose d'un herbularium, d'un arboretum et d'un verger qui permettent de se familiariser avec la flore et les essences forestières morvandelles. L'étang Taureau et son observatoire ornithologique font

Herbularium de la Maison du Parc à Saint-Brisson.
Photo A.M./PNRM.

l'objet d'un sentier de découverte.
La Maison du Parc accueille également un musée de la Résistance en Morvan et un écomusée sur l'histoire des relations entre l'homme et ses paysages.

# Le pont de Saulieu

Bec-croisé des sapins.
Dessin P.R.

A Dun-les-Places, coule la Cure, rivière sauvage et torrentueuse, encaissée dans de petites gorges morvandelles. Allez parcourir sa vallée...

**❶** Du syndicat d'initiative, se diriger vers l'église et tourner à gauche au carrefour. Continuer par le chemin à droite de la maison. Il longe le pied du mont Velin. Emprunter la D 236a à droite.

**❷** Traverser la D 236 et poursuivre tout droit par la route jusqu'à La Croix des Sérolles.

**❸** Au bout du hameau, descendre par le chemin à gauche, puis dévaler la pente à droite et franchir le pont de Saulieu.

**❹** Tourner à gauche et descendre le long de la Cure sur 2 km. Continuer par la D 6 et atteindre un carrefour.

**❺** Poursuivre par la D 6. Elle franchit la Cure et arrive à une bifurcation. Partir à droite et longer la rive gauche de la Cure sur 250 m (*vue sur Le Montal à droite*), puis monter à gauche en direction de Mézauguichard.

**❻** A l'embranchement, prendre le sentier à gauche et longer le pied de la butte. Au croisement en T, tourner à droite.

**❼** A la ferme du Champ de l'Etang, emprunter le chemin à droite, puis suivre la route à gauche pour rejoindre le syndicat d'initiative.

## Fiche pratique 29

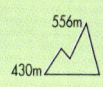

**3 h / 9 Km**
556m / 430m

**Situation** Dun-les-Places, à 34 km au Nord de Château-Chinon par les D 37, D 977bis et D 236

**Parking** syndicat d'initiative

**Balisage**
- ❶ à ❺ jaune
- ❺ à ❻ blanc-rouge
- ❻ à ❶ jaune

Ne pas oublier

## À voir

### En chemin
- Dun-les-Places : église Sainte-Amélie 19e ■ croix des Sérolles ■ pont de Saulieu
- vallée de la Cure
- Le Montal

### Dans la région
- Dun-les-Places : station Centre-Morvan VTT, site d'escalade des Roches-du-Morvan, parcours aventure, activité d'eaux vives ■ lac de Saint-Agnan ■ point de vue du Rocher de la Pérouse
- forêt de Breuil-Chenue : hêtraie montagnarde (enclos animalier), dolmen de Cheveresse

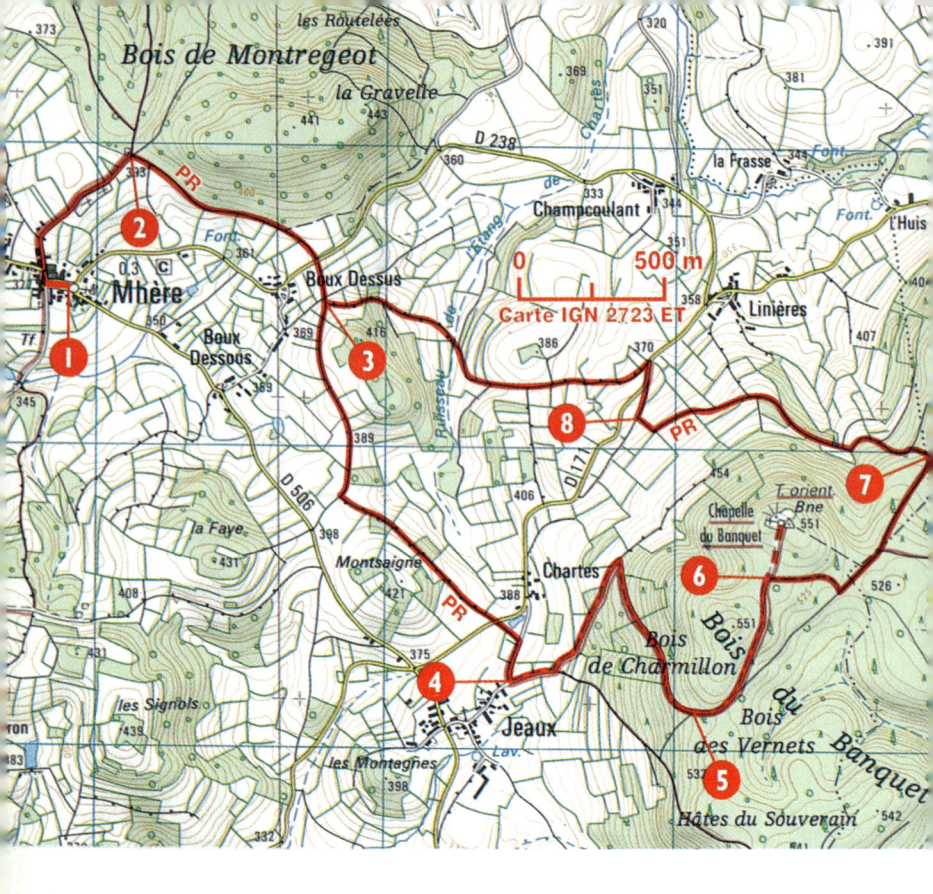

## Le « phare du Morvan »

La chapelle du Banquet est née du désir quelque peu extravagant de M. et Mme André-Marie Dupin, propriétaires du château de Raffigny. Leur volonté était d'édifier une chapelle sur le mont situé en face de leur château, afin d'en faire le « phare du Morvan ».

Mais la tâche n'était pas aussi simple à réaliser : de nombreux Morvandiaux ne voulaient pas céder ces terres où ils faisaient paître leurs moutons.
A force de persévérance, la petite chapelle vit tout de même le jour en 1858.
Dédiée à Notre-Dame-du-Morvan, elle fut consacrée par l'évêque de Nevers au cours d'une cérémonie fastueuse, et devint vite un lieu de pèlerinage.
Mais au début du 20e siècle, l'endroit fut peu à peu abandonné et la chapelle tomba en ruines.
Elle fut restaurée en 1986 grâce à l'association Pro-Morvan.

Chapelle du Banquet (vue aérienne).
*Photo Randonièvre.*

# La chapelle du Banquet

**Fiche pratique** 30

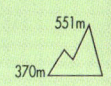

**3 h — 10 Km**

551m / 370m

**Situation** Mhère, à 20 km au Nord de Château-Chinon par les D 944 et D 18

**Parking** place de l'Eglise

**Balisage** bleu

Depuis les hauteurs du Banquet, le regard se perd dans les vallées du Morvan, où cheminent rigoles et rivières…

❶ De la place de l'Eglise, emprunter la petite route qui passe devant l'école et le cimetière.

❷ A la croisée des chemins, tourner à droite, longer le bois, couper la D 238 et continuer en face.

❸ A la bifurcation, monter par le chemin à droite puis, à l'embranchement, tourner à gauche. Traverser la D 171, poursuivre en face, puis prendre le chemin à droite.

*Pied de mouton. Dessin N.L.*

Ne pas oublier

❹ Juste avant le hameau de Jeaux, commencer la montée vers la chapelle du Banquet en suivant le large chemin à gauche. Il monte à gauche puis à droite à l'entrée du bois.

❺ Ignorer les deux chemins de droite et poursuivre la montée.

❻ Continuer tout droit pour accéder à la chapelle du Banquet (*vue sur la vallée de l'Anguison*). Revenir ensuite sur ses pas.

❻ Descendre par la gauche sur 800 m.

❼ Virer à gauche, sortir du bois et poursuivre tout droit en ignorant les autres chemins.

❽ A l'intersection en T, tourner à droite, prendre la D 171 à droite sur 75 m, puis partir à gauche. Continuer tout droit, franchir le ruisseau de l'Etang et rejoindre la bifurcation de l'aller.

❸ Par l'itinéraire suivi à l'aller, regagner Mhère.

## À voir

### En chemin

■ Mhère : église Saint-Germain 19e ■ Le Banquet : chapelle Notre-Dame-du-Morvan 19e, vue plongeante sur la vallée de l'Anguison

### Dans la région

■ Montreuillon : aqueduc et rigole d'Yonne, centre de la zone Euro ■ Vauclaix : ancien relais de poste 18e, église Sainte-Madeleine 19e

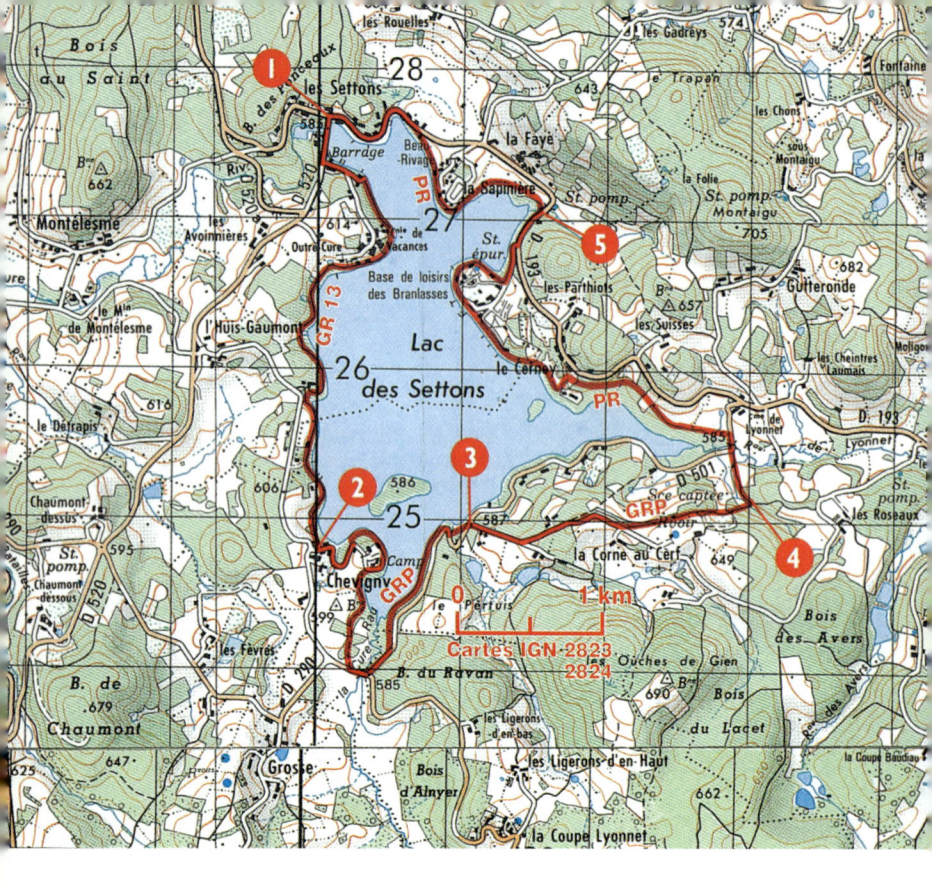

## Le métier de sabotier en Morvan

La fabrication de sabots était autrefois en Morvan un artisanat très florissant, dont le savoir-faire se transmettait de père en fils. Le sabotier utilisait des bois différents selon l'emploi des sabots : le bois dur était destiné à la confection de sabots sculptés et décorés de motifs typiques à la région, tandis que le bois tendre servait à la fabrication de sabots d'usage plus courant.

Le bois était débité en billes que l'on fendait à la cognée, avant de les dégrossir à la hache et à l'*assiau* (outil au fer incurvé). Dans son atelier, le sabotier donnait alors une forme au noyau de bois, puis creusait le talon et la loge des orteils avec une *cuillère* et une lame triangulaire. Venait ensuite la finition avec le modelage du museau et le lissage de l'intérieur du sabot.

Sabots de la saboterie du Gouloux. *Photo R.L./Randonièvre.*

# Le lac des Settons

**Fiche pratique 31**

**3 h 45 — 15 Km**

632m / 583m

Entouré de bois de sapins et de mélèzes, le lac des Settons est le terrain de prédilection des randonneurs pour ses sentiers, et des amateurs de sports nautiques pour sa base multi-loisirs.

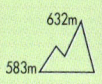

**Situation** Montsauche-les-Settons, à 27 km au Nord-Est de Château-Chinon par les D 944 et D 37

**Parking** barrage des Settons, à 4 km au Sud-Est du bourg par la D 193

**Balisage**
① à ⑤ blanc-rouge
⑤ à ① jaune-rouge
⑤ à ① jaune

Ne pas oublier

❶ Franchir le barrage, tourner à gauche et passer devant l'embarcadère. Continuer tout droit le long de la rive du lac, sur 4 km, jusqu'à Chevigny.

❷ Prendre la route à gauche pour gagner à nouveau la rive du lac. Après le petit bois, poursuivre par la D 290 à gauche. Au carrefour, emprunter la D 510 à gauche sur 300 m, puis partir à gauche, entre les berges et la route. Retrouver la route, puis couper le virage et atteindre un croisement.

❸ Prendre la route à droite le long du camping. A la fourche, continuer par la route à gauche jusqu'à L'Huis-Gaumont. Se diriger à gauche sur quelques mètres, puis suivre le chemin à droite sur 800 m.

❹ Au croisement, emprunter le chemin à gauche, poursuivre par la D 501 sur 80 m, puis s'engager sur le chemin à gauche. Il longe à peu près la rive du lac. Avant Le Cerney, se diriger à gauche vers le lac et passer à la base de loisirs des Branlasses. Prendre la D 193 à gauche sur 250 m.

❺ S'engager sur le sentier à gauche. Il longe la rive du lac sur 2 km. Emprunter la D 193 à gauche pour revenir au barrage.

*Sureau à grappes. Dessin N.L.*

## À voir

### En chemin

■ lac des Settons : site (label *station voile*) ■ barrage du lac 1958 ■ base de loisirs des Branlasses ■ base nautique des Settons ■ plages aménagées ■ site d'observation ornithologique

### Dans la région

■ saut du Gouloux ■ saboterie du Gouloux (exposition-vente et démonstration) ■ Saint-Brisson : Maison du Parc naturel régional du Morvan, musée de la Résistance en Morvan, herbularium, arboretum, sentier de découverte de l'étang Taureau, dolmen de Cheveresse

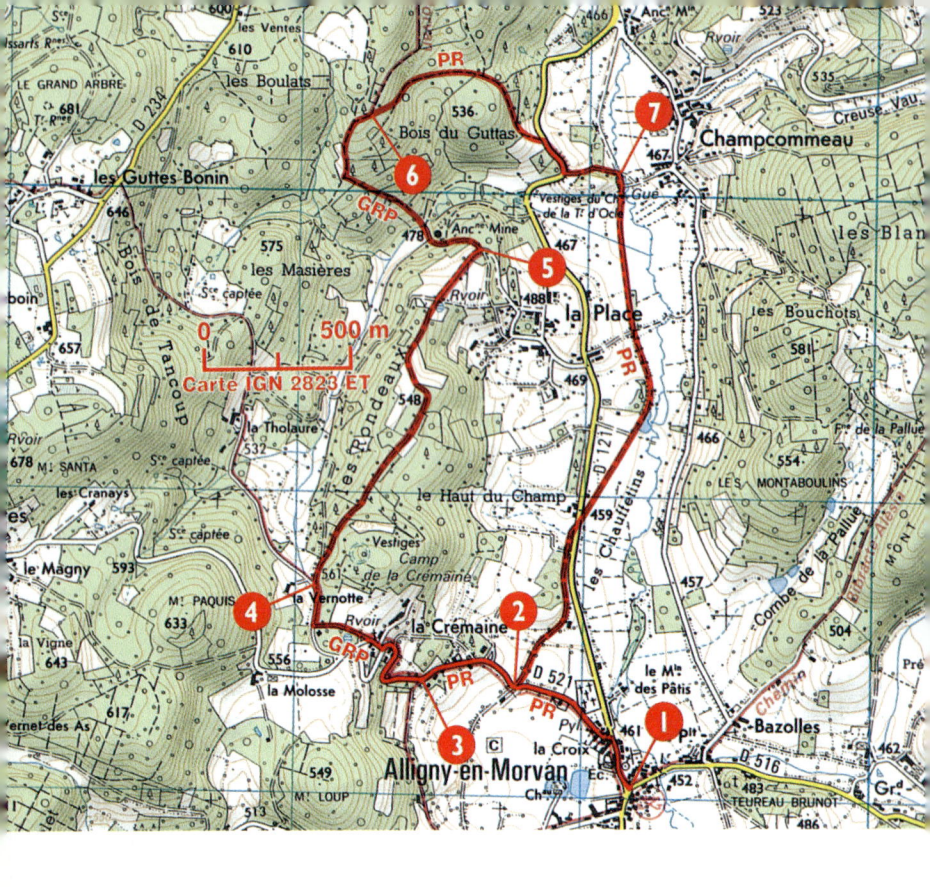

## Les nourrices morvandelles

« Je fus élevé dans le Morvan par des paysans ». Ces quelques mots de l'écrivain Jean Genet, apposés sur sa maison d'enfance à Alligny-en-Morvan, rappellent que l'économie des villages morvandiaux fut longtemps liée à « l'industrie des nourrices », issues des couches populaires.

Les nourrices « sur lieu » partaient à Paris pour allaiter les enfants de familles aisées, alors que les nourrices « sur place » accueillaient dans leur famille des enfants de l'Assistance Publique, appelés les « petits Paris ».

Enfant abandonné, Jean Genet fut placé à l'âge de sept mois dans la famille de Charles et Eugénie Régnier, à Alligny-en-Morvan. Il y resta jusqu'à l'âge de treize ans. Il écrira beaucoup sur son enfance sans jamais citer le nom du village, malgré son attachement au Morvan.

Vieux pont de pierre sur le Ternin. Photo A.M./PNRM.

# Le chemin du Tacot

**Fiche pratique 32**

**2h20 — 7 Km** — 561m / 452m

De la vallée du Ternin aux collines boisées qui la surplombent, Alligny offre un riche patrimoine, tels que ses nombreux vestiges historiques et son ancienne voie du Tacot.

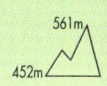

**Situation** Alligny-en-Morvan, à 10 km au Sud-Est de Saulieu par les D 26 et D 121

**Parking** place du village

**Balisage**
- ❶ à ❸ jaune
- ❸ à ❻ jaune-rouge
- ❻ à ❷ jaune

**Difficulté particulière**
- ne pas entrer dans la mine de plomb argentifère (danger) entre ❺ à ❻

*Ne pas oublier*

❶ De la place du village, monter par la route vers l'église et une vieille croix. Bifurquer sur la D 521 à gauche, passer le cimetière, l'ancien presbytère et l'ancienne gare.

*Truite. Dessin P.R.*

❷ Continuer par la route.

❸ Laisser le chemin à gauche et poursuivre par la route qui dessine des virages. Peu après le second (*vue panoramique*), partir à droite dans la rue de gauche et poursuivre par le chemin. Prendre la petite route à droite sur 100 m.

❹ Bifurquer à droite deux fois de suite.

▶ A droite, vestiges du camp de la Crémaine.

Continuer dans le bois sur 1,4 km.

❺ Quitter le large chemin, descendre à gauche et passer l'ancienne mine de plomb argentifère.

▶ Ne pas s'y aventurer : danger !

Poursuivre par le chemin en forte montée, tourner à droite et arriver à une bifurcation.

❻ Descendre par le chemin à droite. Emprunter la D 121 à droite sur 100 m, puis s'engager sur le chemin à gauche. Il contourne une butte (*ruines de la tour d'Ocle, ancien château des seigneurs d'Alligny*).

❼ Près du gué et du vieux pont de pierre, emprunter à droite l'ancienne ligne du Tacot. Elle coupe la D 121, continue en face et ramène à l'ancienne gare.

❷ Par l'itinéraire suivi à l'aller, rejoindre le point de départ.

▶ A droite, derrière le bosquet, vestiges d'un château.

▶ A 100 m, par la D 516, à Pierre-Ecrite, vieux pont sur le Ternin et ancien travail pour le ferrage des bœufs.

## À voir

**En chemin**
- Alligny-en-Morvan : église 12e
- vue panoramique
- voie antique Autun-Auxerre
- vestiges du camp de la Crémaine
- ancienne mine de plomb argentifère
- vestiges de la tour d'Ocle
- gué et vieux pont
- ancienne voie et ancienne gare du Tacot

**Dans la région**
- Pierre-Ecrite : stèle gauloise
- Saint-Brisson : Maison du Parc naturel régional du Morvan, musée de la Résistance en Morvan, herbularium, arboretum, sentier de découverte de l'étang Taureau, dolmen de Cheveresse

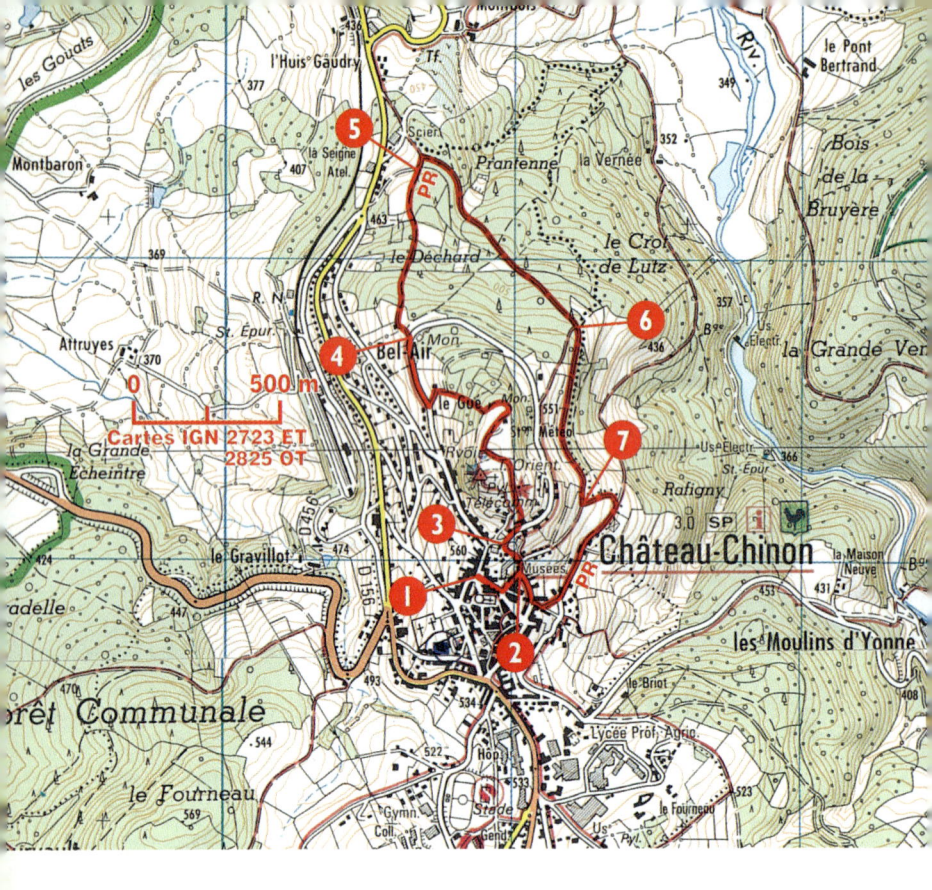

## Le musée du Septennat

Installé dans l'ancien couvent Sainte-Marie, le musée du Septennat a ouvert ses portes en 1986. Ce don de François Mitterrand à la ville de Château-Chinon montre combien l'attachement de l'ancien président de la République à la Nièvre était fort.
C'est en effet là qu'il commença sa carrière politique en 1946 en tant que député de la Nièvre, avant d'être élu maire de Château-Chinon en 1959, puis président du Conseil Général en 1964.
Le musée abrite les cadeaux reçus par François Mitterrand, entre 1981 et 1995, dans le cadre de ses deux septennats à la présidence de la République. Véritables objets d'art, les pièces de cette collection expriment les relations diplomatiques privilégiées entretenues par la France avec de nombreux pays du monde.

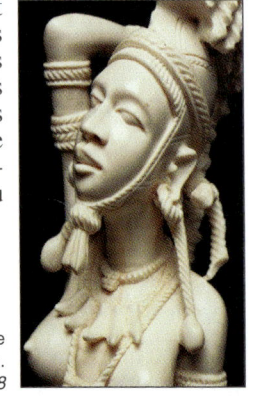

Statuette en ivoire (Guinée) de la collection du musée du Septennat, Château-Chinon.
Photo E.D./Sce du Patrimoine et des Musées, CG 58

# Le calvaire de Château-Chinon — Fiche pratique 33

**1 h 20 — 4 Km**
560 m / 463 m

**Situation** Château-Chinon, à 63 km à l'Est de Nevers par la D 978

**Parking** place Saint-Christophe

**Balisage** jaune

*Ne pas oublier*

Un large panorama sur la vallée de l'Yonne, le Morvan et le Val de Loire vous attend au sommet du calvaire. Une visite des curiosités et des musées de Château-Chinon s'impose ensuite.

❶ De la place Saint-Christophe, descendre par la rue du Champlain, puis la rue des Fontaines à gauche.

❷ Monter à gauche par la rue des Basses-Fontaines, puis grimper par la ruelle abrupte à gauche entre les maisons.

❸ Prendre la rue du Château à droite (*musée du Costume en bas à droite*), puis se diriger à gauche, en face du musée du Septennat et monter au calvaire (*panorama sur le Morvan, table d'orientation*). Longer la station météo et s'engager à gauche sur le chemin qui part à travers bois. Emprunter la route à droite sur 200 m.

❹ Descendre par le petit chemin à gauche.

❺ A la croisée des chemins, se diriger à droite sur quelques mètres, puis prendre le chemin à droite, à travers bois, sur 2 km.

❻ A la fourche, ignorer le chemin de droite et continuer en face, en lisière de bois, jusqu'au croisement.

❼ Descendre à gauche, puis tourner à droite vers la ferme et poursuivre par le faubourg de Volin. Au croisement, monter à droite, puis rejoindre la rue des Basses-Fontaines.

❷ Tourner à gauche, puis à droite pour regagner la place Saint-Christophe.

*Bruyère. Dessin N.L.*

## À voir

### En chemin

■ Château-Chinon : musée du Costume, musée du Septennat ■ calvaire (panorama et table d'orientation)

### Dans la région

■ lac de Pannecière
■ Arleuf : site archéologique des Bardiaux (théâtre gallo-romain) ■ antenne du Haut-Folin (point culminant du Morvan à 901 m)

93

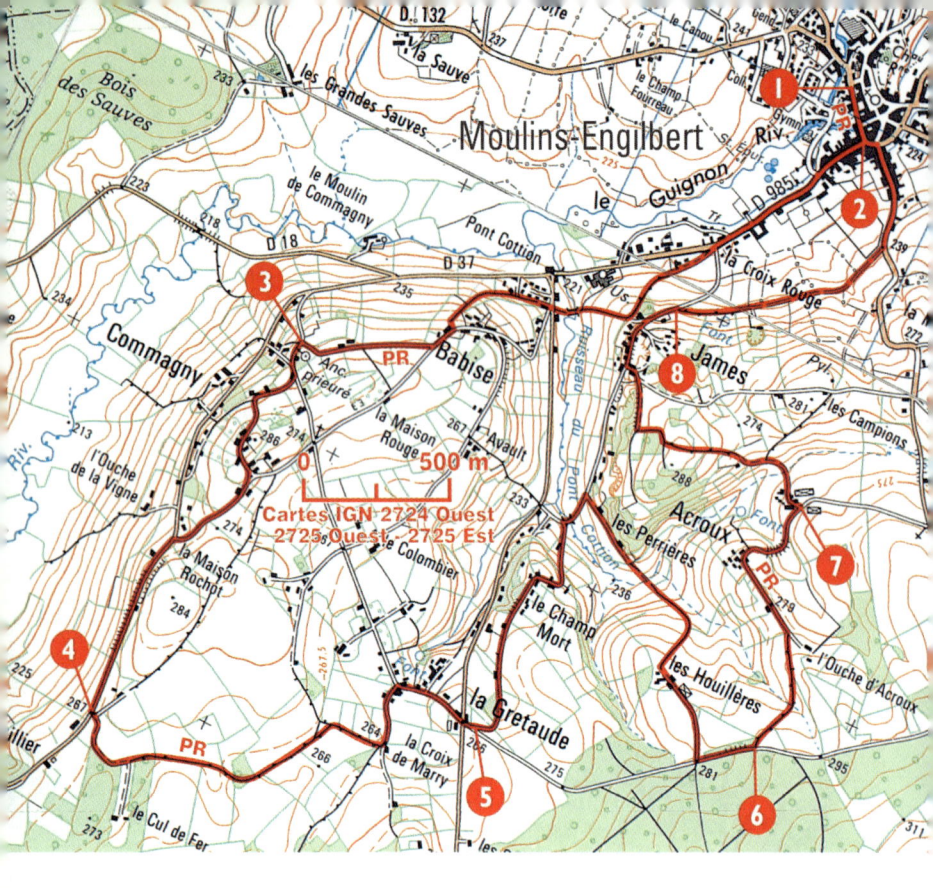

## L'élevage charolais

La race charolaise fut introduite dans le Morvan vers 1850, mettant ainsi fin à plusieurs siècles d'une économie céréalière.

Originaire de Saône-et-Loire, la race charolaise remplaça vite la race morvandelle « à poil rouge », au torse large et à l'arrière-train fin, en subissant toutefois quelques modifications morphologiques dues à la spécialisation des éleveurs dans la reproduction et l'élevage de la race. La race charolaise se caractérise par une robe de couleur blanche ou crème, un squelette fort, une croupe large et musclée, et un front large aux cornes rondes et allongées.

Selon la tradition, quelques marchés, comme le marché au cadran de Moulins-Engilbert, attirent aujourd'hui de nombreux maquignons français et européens, séduits par la qualité de cette race bouchère.

Charolais. *Photo A.M./PNRM.*

# Le prieuré de Commagny

**Fiche pratique** 34

3 h • 12 Km

286m / 224m

Une promenade dans les rues fleuries de Moulins-Engilbert, à la découverte des ruines du vieux château, de ses belles maisons particulières et du prieuré de Commagny.

*Héron cendré. Dessin P.R.*

**Situation** Moulins-Engilbert, à 16 km au Sud-Ouest de Château-Chinon par les D 978 et D 37

**Parking** syndicat d'initiative (près de la mairie)

**Balisage** jaune

❶ Suivre la D 985 en direction de Saint-Honoré-les-Bains.

❷ Au carrefour, continuer par la D 985 à droite et, au calvaire, ignorer le chemin qui part à gauche pour s'engager en face sur la petite route, entre la D 985 et le chemin. Franchir le ruisseau, couper la D 985 et poursuivre en face par le chemin herbeux. A Babise, emprunter la route à droite, puis monter à droite sur 400 m.

❸ Descendre à gauche le long du prieuré de Commagny, puis remonter par la petite route à droite. Au croisement, suivre la route à droite. Emprunter la D 37 à gauche sur 600 m.

❹ Partir à gauche. A la fourche, continuer tout droit, puis prendre le chemin à droite et arriver à La Croix-de-Marry. Emprunter la route à gauche et gagner La Gretaude. Traverser le hameau à droite et couper la D 985. Poursuivre par la route en face sur quelques mètres.

❺ Bifurquer sur la route à gauche. Passer Le Champ-Mort, franchir le pont à droite, puis se diriger à droite et monter aux Houillères. Après le hameau, prendre la route à gauche sur 200 m.

❻ S'engager à gauche sur le chemin herbeux et poursuivre par le chemin à gauche. Traverser Acroux et arriver à une ferme.

❼ Bifurquer à gauche à travers la ferme et continuer par le chemin principal qui franchit le vallon, une butte et rejoint James. Traverser le hameau.

❽ A la sortie, monter à droite, puis descendre par la D 295 à gauche. Rejoindre à gauche le carrefour avec la D 985.

❷ A droite, revenir au syndicat d'initiative.

## À voir

**En chemin**

- Moulins-Engilbert : église Saint-Jean-Baptiste 16e
- prieuré de Commagny 12-14e ■ maison de l'Elevage et du Charolais, marché aux bestiaux

**Dans la région**

- Villapourçon : barrage de Rangère, cascade de Dragne
- plan d'eau de l'Escame
- Limanton : jardins d'eau du château (orangerie et pigeonnier)

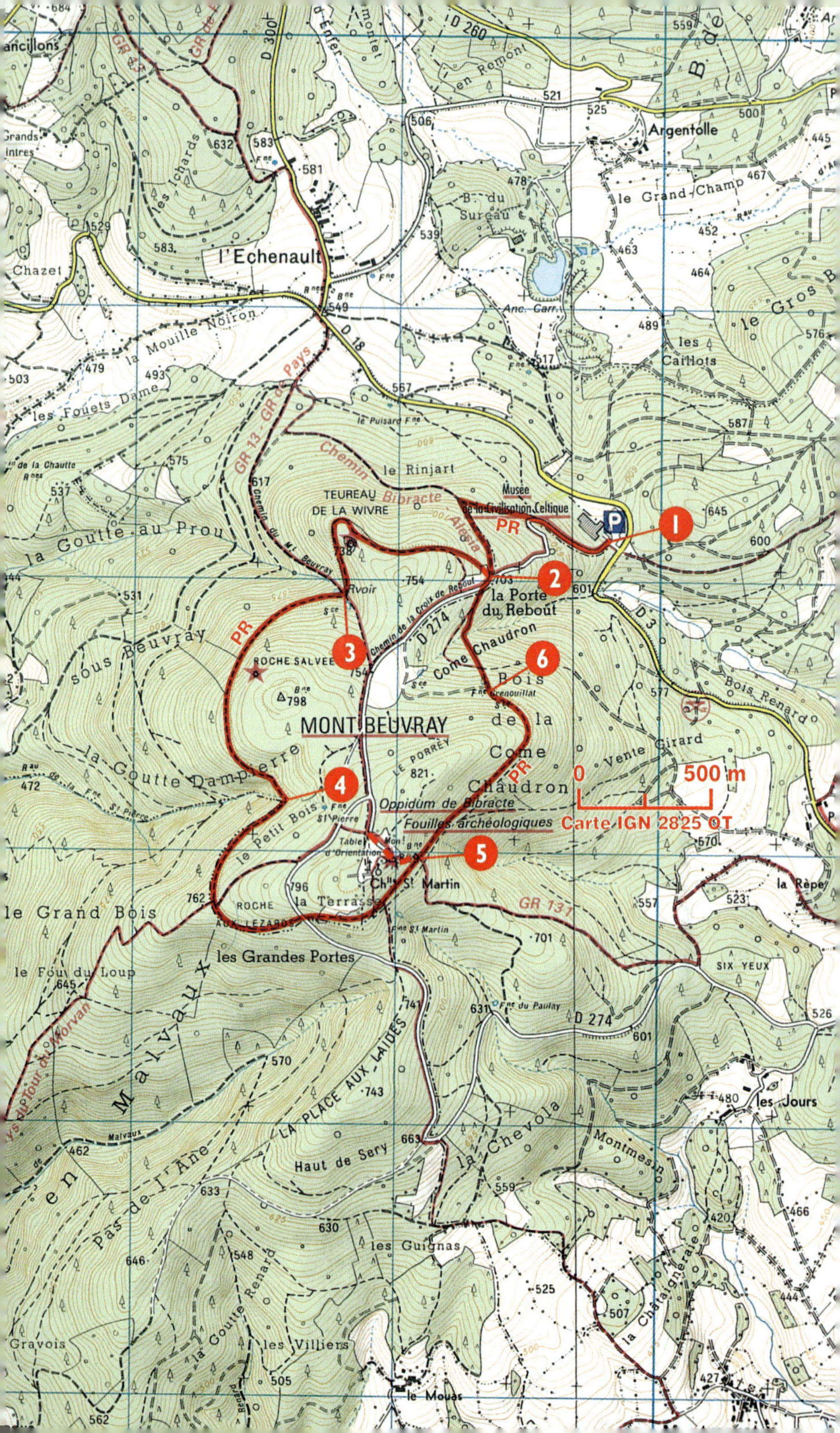
MONT BEUVRAY
Oppidum de Bibracte
Fouilles archéologiques
Musée de la Civilisation Celtique
la Porte du Rebout
ROCHE SALVEE
TEUREAU DE LA WIVRE
Chemin Bibracte
Chemin de la Croix du Rebout
Come Chaudron
Bois de la Come Chaudron
la Terrasse
ROCHE AUX LÉZARDS
Table d'Orientation
Ch^lle St Martin
le Petit Bois
la Goutte Dampierre
sous Beuvray
la Goutte au Prou
le Grand Bois
les Grandes Portes
le Fou du Loup
en Malvaux
LA PLACE AUX LAIDES
Haut de Sery
la Chevola
Montmesin
Pas de l'Ane
les Guignas
la Goutte Renard
les Villiers
le Mouas
Gravois
la Châtaigneraie
les Jours
SIX YEUX
la Rèpe
Vente Girard
Bois Renard
l'Echenault
Argentolle
le Grand Champ
B. du Sureau
le Gros Bois
les Carllots
la Mouille Noiron
les Fouets Dame
le Puisard
le Rinjart
les Ichards
Chazet
en Remont
LE PORREY
GR 13 - GR de Pays
GR 131
GR 13
Tour du Morvan
PR
D 18
D 274
D 3
D 300
D 260
0
500 m
Carte IGN 2825 OT
1
2
3
4
5
6

# Les remparts de Bibracte

**Fiche pratique 35**

**1 h 40 — 5 Km**

809m / 703m

Grâce à cette balade sur les pentes du mont Beuvray, découvrez les vestiges archéologiques de Bibracte, l'ancienne place-forte des Eduens au 1er siècle avant J.-C., et son panorama sur le Morvan.

**❶** Du parking du musée, monter par le chemin goudronné, puis s'engager sur le sentier qui mène à la porte du Rebout.

**❷** Prendre le chemin à droite, en direction de la pierre de la Wivre (*vestiges de l'antique rempart gaulois ceinturant Bibracte, à droite*). Continuer jusqu'au croisement avec le GR® 13.

**❸** Traverser le ru, grimper sur le monticule et franchir le ruisseau. Poursuivre par le chemin en face. A la fourche, monter légèrement à gauche.

**❹** Franchir le ru et remonter en face. Croiser à nouveau le GR® 13 et continuer par le chemin en face. Couper la D 274, prendre le chemin en face et poursuivre tout droit jusqu'au croisement avec le GR® 131.

▶ La chapelle Saint-Martin et la table d'orientation se trouvent à gauche (*panorama sur le Morvan, le département de la Saône-et-Loire, et sur le Mont Blanc quand le ciel est dégagé*).

**❺** Monter tout droit à travers bois (*fouilles archéologiques de Bibracte*). A la fourche, poursuivre tout droit jusqu'à la fontaine Grenouillat.

**❻** Au croisement, descendre à droite et rejoindre la porte du Rebout.

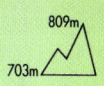

**❼** Par l'itinéraire suivi à l'aller, regagner le musée.

**Situation** mont Beuvray, à 18 km au Sud-Est de Château-Chinon par les D 978, D 197, D 300 et D 18

**Parking** musée national de la Civilisation celtique

**Balisage** jaune

*Ne pas oublier*

## À voir

**En chemin**
- musée national de la Civilisation celtique et du site de Bibracte
- murus gallicus de la porte du Rebout
- pierre de la Wivre
- roche Salvée
- table d'orientation et chapelle Saint-Martin
- fouilles archéologiques de l'oppidum

**Dans la région**
- Glux-en-Glenne : tourbière des sources de l'Yonne, église Saint-Denis (Vierge à l'Enfant 17e), fête de la Myrtille (début août)

Bergeronnette des ruisseaux.
*Dessin P.R.*

97

## L'oppidum de Bibracte

Culminant à 820 m, le mont-Beuvray abrite les vestiges de Bibracte, l'antique capitale des Eduens citée par Jules César dans la *Guerre des Gaules*.
Construite au 1er siècle av J.-C., Bibracte vit l'unification des tribus gauloises autour de Vercingétorix contre l'envahisseur romain, avant d'être abandonnée un demi-siècle plus tard au profit d'Augustodunum (Autun).
Qualifiée d'« *oppidum* » par Jules César, la cité fortifiée s'étendait sur environ 200 hectares, et était initialement ceinturée par des remparts de 7 km de long.
Ces remparts, réduits par la suite à 5 km, sont encore perceptibles à quelques endroits de rupture entre bois de feuillus et bois de résineux. Quant à la reconstitution de la Porte du Rebout, elle permet de voir le mode de construction du « *murus gallicus* », rempart fait de bois et de terre avec un parement de pierres.
Quelques années après la conquête romaine, l'urbanisme de Bibracte se romanisa et de vastes maisons en pierre virent le jour, constituant ainsi une preuve de l'attachement des Eduens aux coutumes romaines.

## Le peuple éduen

Musée de Bibracte. *Photo A. Maillier, Bibracte.*

Bien avant la conquête de la Gaule, les Eduens furent honorés d'un traité d'amitié par les Romains qui reconnaissaient ainsi leur influence.
Cette concentration de richesses permettait aux Eduens de faire acheminer des quantités importantes de vin romain depuis l'Italie, comme l'indiquent les nombreuses amphores en terre cuite retrouvées sur le site.
Bibracte était aussi un lieu de production artisanale. Les ateliers métallurgiques mis au jour par les fouilles archéologiques étaient spécialisés dans la fabrication d'objets en fer et en alliage de cuivre.

Bibracte était non seulement la capitale des Eduens, un puissant peuple gaulois établi entre Saône et Allier, mais également un centre économique important dont le rayonnement s'étendait bien au-delà de la région Centre-Est.
Sa grande richesse provenait de son commerce avec les régions méditerranéennes, et de la large diffusion de son outil monétaire.

Toutes ces richesses provoquèrent à juste titre l'étonnement de Jules César, lors de son passage à Bibracte à la fin de la conquête romaine, et lui fit décrire la cité comme « *de loin le plus grand et le plus riche oppidum des Eduens* ».

Porte du Rebout. *Photo A. Maillier, Bibracte.*

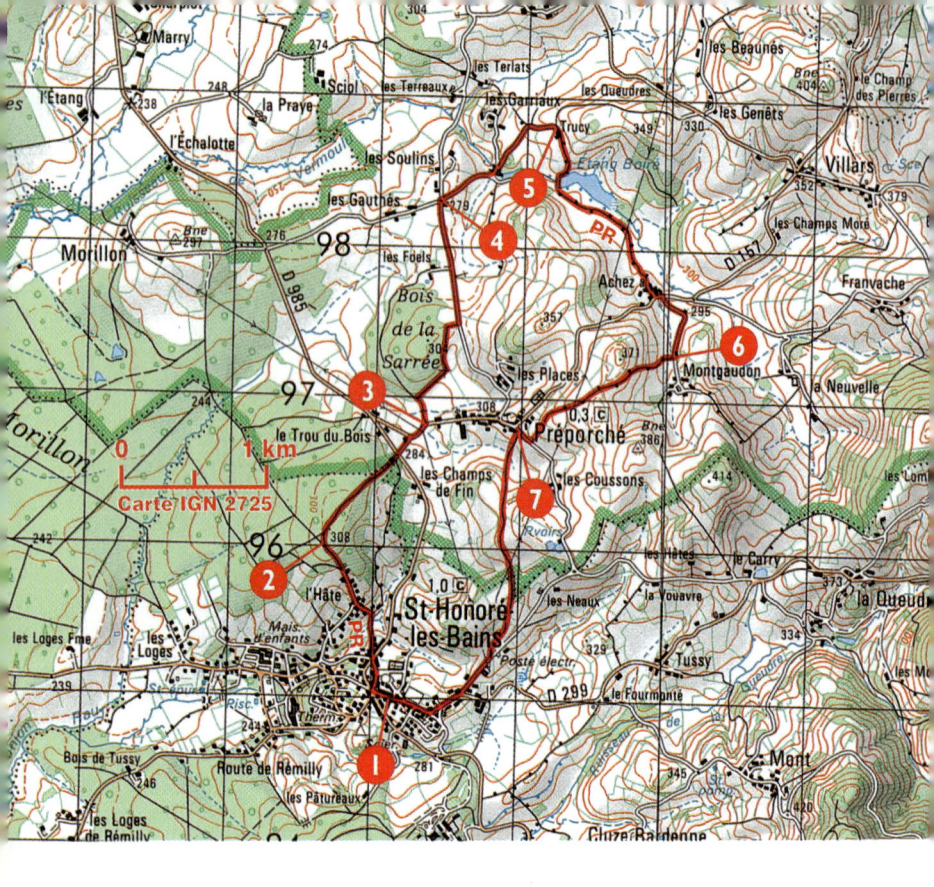

## Les thermes de Saint-Honoré-les-Bains

Leur origine remonte à l'Antiquité. En 50 av. J.-C., des légions romaines découvrent l'existence de sources chaudes, et procèdent à l'édification de thermes. Après leur destruction au 5e siècle, les sources tombent dans l'oubli pendant plusieurs siècles, et il faut attendre le 19e siècle pour que l'activité thermale renaisse avec le rachat des sources par le marquis d'Espeuilles. Un immense établissement voit alors le jour.

La consécration vient en 1860 lorsque les sources sont reconnues d'utilité publique. La ville fait alors construire de nombreux hôtels pour accueillir une clientèle toujours en hausse, et développe des loisirs destinés à la haute société parisienne (théâtre, casino).
Actuellement, les eaux de Saint-Honoré sont encore très réputées pour leurs bienfaits.

Etablissement thermal de Saint-Honoré-les-Bains.
*Photo Camosine.*

# L'étang Boiré

**Fiche pratique** 36

**3 h — 11 Km**

355m / 266m

Une balade agréable aux confins du Bazois et du Morvan, où jaillissent les eaux thermales de Saint-Honoré-les-Bains. Laissez-vous guider par le circuit à travers les hameaux, aux alentours de Préporché.

**Situation** Saint-Honoré-les-Bains, à 27 km au Sud-Ouest de Château-Chinon par les D 978, D 37 et D 985

❶ De l'office de tourisme, monter à l'église, puis descendre à gauche au croisement. Traverser la D 985 et continuer par la rue en face. Aux dernières maisons, emprunter le chemin qui monte dans le bois.

**Parking** mairie

❷ Bifurquer à droite, traverser le sommet de la colline, puis descendre à travers bois. Couper la D 985 et continuer en face. Au croisement, prendre la D 157 à droite sur 150 m.

**Balisage** jaune

❸ S'engager sur le sentier à gauche. A l'orée du bois, bifurquer à droite en lisière, puis emprunter la route à gauche.

**Difficulté particulière**

■ un circuit de l'étang Boiré existe également au départ de Préporché (6 km)

❹ Au croisement des Soulins, prendre la route à droite, se diriger à gauche puis, à la patte d'oie, monter à droite jusqu'au lieu-dit Trucy.

*Ne pas oublier*

❺ Poursuivre par le chemin à droite en direction de l'étang Boiré. Longer l'étang et continuer tout droit jusqu'à Achez. Prendre la D 157 à gauche sur quelques mètres, puis la route à droite.

**À voir**

**En chemin**

❻ Après la maison de La Milande, prendre le premier chemin à droite. Emprunter la route à droite vers Préporché jusqu'aux premières maisons.

■ Préporché : étang Boiré, église Saint-Pierre 16e (statue de saint Pierre 14e)
■ Saint-Honoré-les-Bains : château de la Montagne 18e-19e (ouvert au public), musée Georges Perraudin de la Résistance, station thermale (parc thermal 19e et petite chapelle)

▶ L'église Saint-Pierre se trouve à l'entrée du village, à droite.

❼ Prendre le chemin à gauche, en angle aigu, sur 2 km, en direction de Saint-Honoré-les-Bains. Emprunter la route à droite, continuer par la D 299 à droite et rejoindre, encore à droite, le syndicat d'initiative.

**Dans la région**

■ Onlay : Vierge d'Onlay Sémelay : église Saint-Pierre 12e, vestiges gallo-romains
■ belvédère de la Vieille Montagne

*Arnica.
Dessin N.L.*

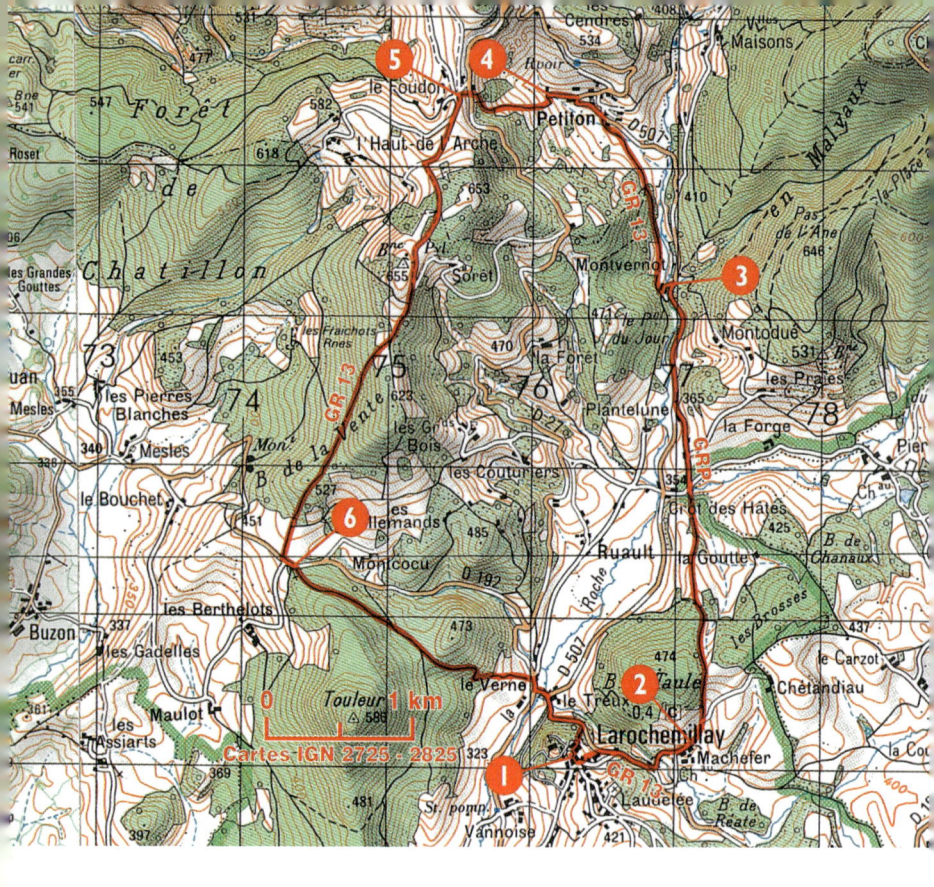

## Les crapiaux du Morvan

Dans un récipient, préparer une pâte en mélangeant 300 g de farine, 3 œufs et quelques pincées de sel.

Incorporer de la crème fraîche et un peu d'eau afin d'obtenir une consistance de pâte à gaufres. Laisser reposer la préparation.

Dans une poêle, faire griller à feu vif 6 tranches de lard maigre, d'une longueur comprise entre 8 et 10 cm de préférence.

Crapiaux du Morvan
Photo J.F.

Une fois bien grillées, les retirer en laissant la poêle sur le feu.

Pour faire cuire les crapiaux un à un, mettre une tranche de lard dans la poêle et ajouter une louche de pâte. Une fois doré, faire sauter le crapiau de l'autre côté.

Servir chaud.

# Entre roches et mont Beuvray — Fiche pratique 37

**3h45 — 13 Km**  
650m / 325m

Face au mont Beuvray, et entouré de monts boisés aux versants fortement prononcés, le rocher de Larochemillay domine la rivière de la Roche qui serpente le long de sa vallée encaissée.

*Sapin de Douglas. Dessin N.L.*

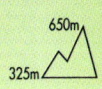

**Situation** Larochemillay, à 30 km au Sud-Est de Château-Chinon par la D 27

**Parking** place de l'Eglise

**Balisage**
- ① à ② blanc-rouge
- ② à ③ jaune-rouge
- ③ à ① blanc-rouge

*Ne pas oublier*

① De la place de l'Eglise, descendre en direction de Château-Chinon, puis s'engager sur le chemin à gauche, entre les maisons et déboucher sur une route. La prendre à droite jusqu'à la patte d'oie. Descendre par la route à gauche et traverser Machefer.

▶ Le château de Machefer se trouve à droite.

Continuer tout droit par la route sur 250 m.

② Au carrefour à la sortie du hameau, suivre à gauche le GR® de Pays, puis s'engager sur le large chemin à gauche. Il longe le bois. Poursuivre tout droit jusqu'au Crot-des-Hâtes. Au croisement, prendre la route à gauche sur quelques mètres, puis la route en face. Dans le prolongement, emprunter la D 507 jusqu'à un carrefour.

③ Tourner à gauche, franchir le pont du moulin de Montvernot, puis monter par le chemin à droite et gagner Petiton. Couper la D 507, traverser le hameau en face, suivre la D 507 à gauche sur quelques mètres, puis bifurquer à droite.

④ Au bout de la route, s'engager sur le sentier à gauche, puis monter à droite. Traverser la D 27, aller en face et arriver au Foudon.

⑤ Tourner à gauche et poursuivre par le chemin sur 600 m. A la fourche, monter à gauche et continuer tout droit, à travers bois, par le chemin de crête. Il descend sur le versant Sud-Ouest de la colline. Emprunter la D 192 à gauche sur 100 m.

⑥ Prendre le chemin forestier à droite sur 3 km, puis emprunter la D 27 à droite. Au carrefour, suivre la route à gauche et franchir le pont sur la Roche. Bifurquer sur la D 192 à droite et atteindre le pied de la butte. Monter par le sentier à droite et retrouver la place de l'Eglise.

## À voir

### En chemin
- Larochemillay : château de la Roche 18e (privé), église Saint-Pierre 19e ■ château de Machefer 18e (privé)
- moulin à eau de Montvernot 19e

### Dans la région
- Glux-en-Glenne : mont Beuvray, site de Bibracte, musée national de la Civilisation Celtique
- Millay : église Saint-Maurice 11e-17e, château de la Planche 18e (privé), château de Magny 19e (privé) ■ Luzy : tapisseries d'Aubusson 18e, tour des Barons 14e, moulin de Luzy

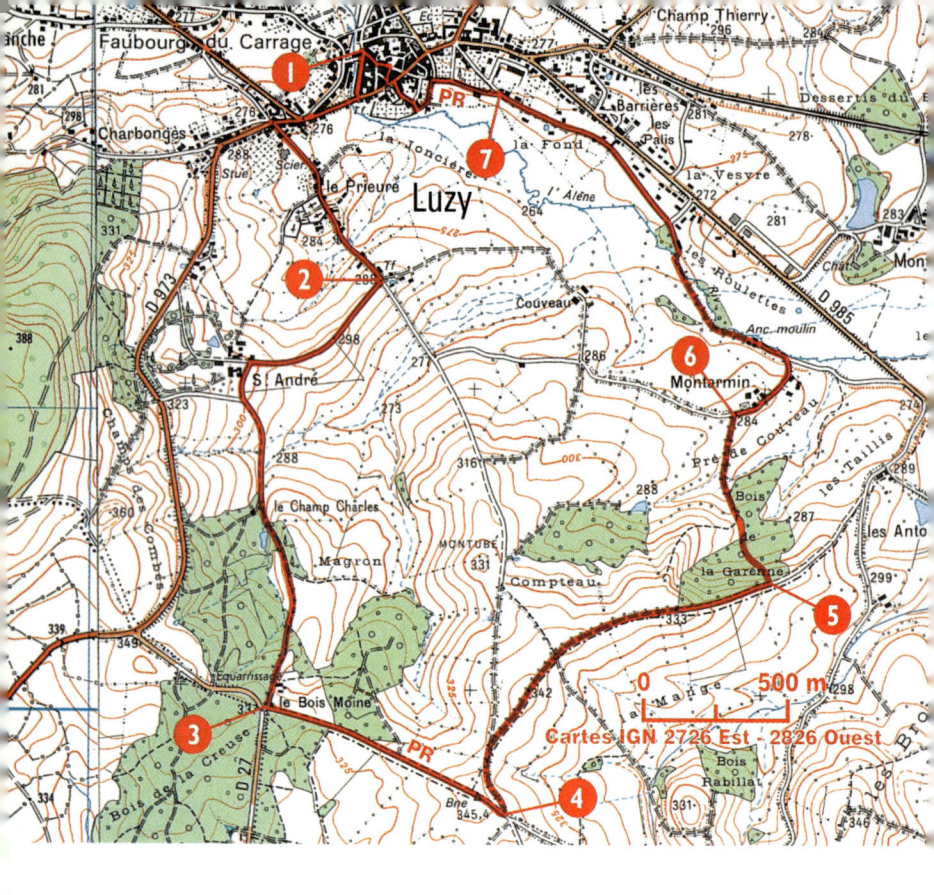

## Les tapisseries d'Aubusson

L'Hôtel de Ville de Luzy abrite un ensemble de tapisseries tissées au 18e siècle à la manufacture d'Aubusson, sur commande du propriétaire de l'hôtel. Au nombre de huit, ces tentures de laine et de soie relatent quatre épisodes de la vie de la reine Esther, d'après le récit de l'Ancien Testament. Ce thème avait été remis au goût du jour par la tragédie de Racine au 17e siècle.

Ayant répudié son épouse, le roi de Perse porte son dévolu sur Esther, une jeune juive. Celle-ci lui cache ses origines car, influencé par son ministre Aman, le roi a conçu une grande haine à l'égard du peuple juif. Mais un jour, le roi surprend Aman qui tentait d'obtenir la clémence de la reine Esther. Se méprenant sur ses intentions, le roi le condamne à mort, et accorde sa grâce aux Juifs.

Tapisseries d'Aubusson, mairie de Luzy.
*Photo PASM.*

104

# La Garenne de Luzy

**Fiche pratique 38**

**3 h · 9 Km**

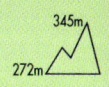

345m / 272m

Partez pour une agréable promenade autour de Luzy, à travers la campagne paisible et bocagère du Sud Morvan.

**Situation** : Luzy, à 40 km au Sud de Château-Chinon par les D 27 et D 985

**Parking** syndicat d'initiative

**Balisage** jaune

❶ Du syndicat d'initiative, rejoindre l'avenue Marceau. Traverser la route (*prudence*), et utiliser le trottoir à droite. A la fourche, poursuivre par la D 973, puis tourner à gauche dans la rue Saint-André et passer tout droit dans le hameau du Prieuré.

❷ Prendre la route à droite, en direction de Saint-André. A l'entrée du hameau, virer à gauche et continuer par le chemin en face. Traverser deux champs en franchissant les barrières (*ne pas oublier de les refermer*) et arriver à la maison du Bois Moine.

❸ Tourner à gauche et longer le bois.

❹ Au croisement, prendre le chemin, en angle aigu, à gauche sur 150 m, puis bifurquer sur le chemin à droite (*vue panoramique sur Luzy*) et longer le bois de la Garenne sur 200 m.

Ne pas oublier

❺ Prendre le premier chemin à gauche qui s'enfonce dans le bois. Il descend à la ferme de Montarmin.

❻ Tourner à droite, puis descendre par le chemin à gauche.

▶ A 100 m, ruines de l'ancien moulin.

Longer la rivière, puis la franchir sur la passerelle et poursuivre jusqu'au croisement. Continuer par la rue Lafond.

❼ A la fourche, continuer à gauche par la rue des Prés-Graillets, puis par la rue des Fosses à gauche et déboucher place de La Perrière. Monter à droite jusqu'à la place du Colombier, tourner à gauche et longer l'église. Traverser la route, prendre en face la rue Duvivier, puis la rue Casse-Cou à gauche et retrouver le syndicat d'initiative.

Digitale pourpre. *Dessin N.L.*

## À voir

**En chemin**

■ Luzy : église Saint-Pierre 19e (Vierge à l'Enfant 15e), tour des Barons 14e ■ vue panoramique sur Luzy ■ bois de la Garenne ■ ferme de Montarmin ■ ruines de l'ancien moulin

**Dans la région**

■ Savigny-Poil-Fol : église 12e-16e ■ Poil : château du Mousseau 14e-18e (ouvert au public)

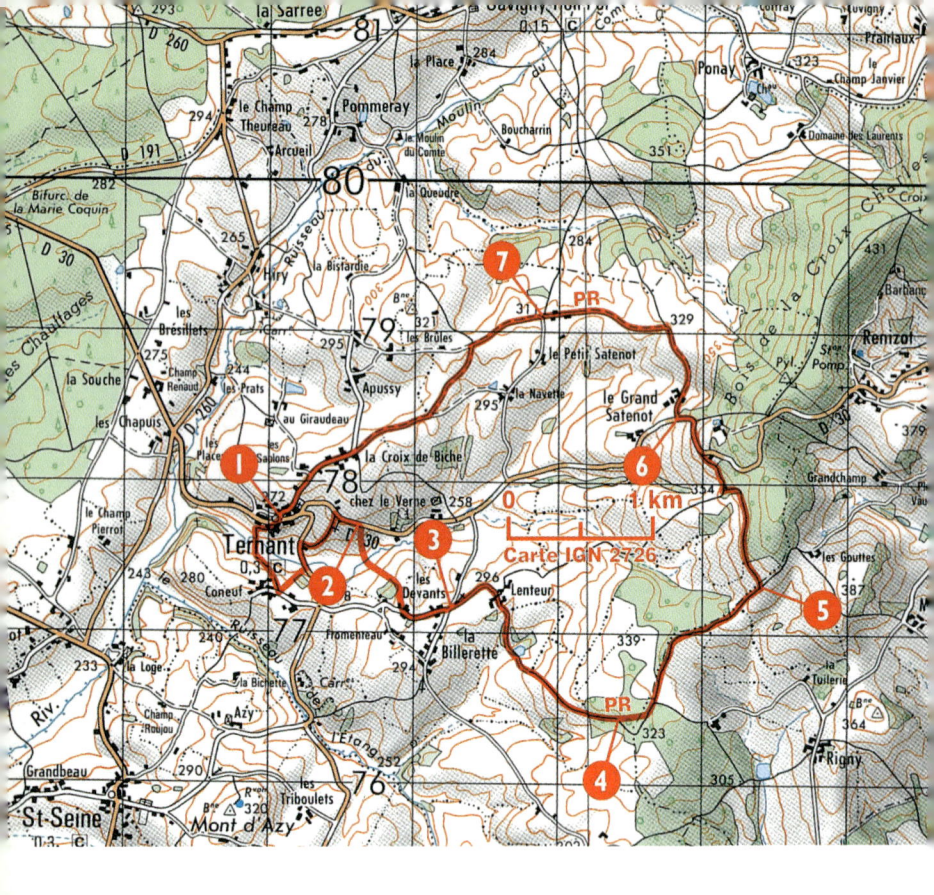

## Les retables de l'église Saint-Roch

La modeste église romane de Ternant possède deux retables du 15e siècle, offerts par Philippe et Charles de Ternant, Chevaliers de la Toison d'Or. Véritables joyaux de l'art religieux flamand, ces triptyques se composent chacun d'un panneau central en bois sculpté, peint et doré, et de quatre volets en bois peints à l'huile (deux latéraux, deux supérieurs).

Le plus ancien, le retable de la Vierge représente des épisodes de la fin de la vie de la Vierge.

Quant au retable de la Passion, il impressionne tout d'abord par sa taille (5,45 m x 2,38 m), puis par la beauté de ses représentations. Consacré à la Passion du Christ, il montre les scènes du Christ dans le jardin des Oliviers, sa Crucifixion, sa Mise au tombeau, sa Descente aux limbes puis sa Résurrection.

Retable de la Passion à l'église Saint-Roch. *Photo Camosine.*

# Autour de Ternant

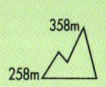

## Fiche pratique 39

**3 h — 11 Km**

358m / 258m

**Situation** Ternant, à 70 km au Sud-Est de Nevers par les N 81, D 3 et D 30

**Parking** place de l'Eglise

**Balisage** jaune

Ecureuil.
*Dessin P.R.*

Au départ de Ternant, profitez d'une balade qui parcourt les collines boisées des alentours, au milieu d'une campagne paisible et sereine.

**❶** De l'église, s'engager sur le chemin qui descend à Coneuf. Au lieu-dit, ne pas suivre la route, mais prendre le chemin à gauche. Emprunter la D 183 à gauche sur 150 m, puis le chemin à droite, et la D 30 à droite sur 250 m.

**❷** S'engager sur le chemin à droite. Il mène aux Devants. Prendre la route à gauche et atteindre un carrefour.

**❸** Couper la route, passer la croix et continuer en face jusqu'à Lenteur. Traverser le hameau, puis monter dans le bois.

**❹** A la bifurcation des chemins, aller à gauche, puis prendre le chemin à gauche sur 1,5 km.

**❺** Descendre à gauche le long du bois. Au croisement en T, tourner à droite et rejoindre Le Grand Satenot (*panorama sur le bocage nivernais et bourbonnais*). Prendre la D 30 à gauche.

**❻** Tourner à droite et poursuivre le chemin sur 500 m. Tourner à gauche en direction du Petit Satenot.

**❼** Au carrefour, emprunter le chemin en face en direction des Brûlés et, juste avant le lieu-dit, descendre par le chemin à gauche. A l'embranchement, continuer tout droit et parvenir à La Croix de Biche. Poursuivre tout droit par la route, passer Les Sablons et retrouver Ternant.

Ne pas oublier

## A voir

### En chemin

■ Ternant : église Saint-Roch (retables de la Vierge et de la Passion 15e) ■ Satenot : panorama sur le Sud Morvan

### Dans la région

■ La Nocle-Maulaix : église Saint-Cyr (Vierge à l'Enfant), moulin du Marnant ■ Saint-Seine : église romane (vitrail 16e), village fleuri ■ Fours : grande halle des maîtres verriers ■ Cercy-la-Tour : église romane 11e, canal du Nivernais

**EXCLUSIF**

# La RandoCarte :
## un signe de reconnaissance pour randonner en toute sécurité

- une assurance spéciale "randonnée"
- une assistance 24/24 h et 7/7 jours en France comme à l'étranger
- des avantages quotidiens pour vous et vos proches
- un soutien à l'action de la FFRP et aux bénévoles qui balisent et entretiennent vos sentiers de Grande Randonnée et de Promenades et Randonnées

Vous désirez en savoir plus sur les garanties et les avantages de la RandoCarte ? Pour recevoir une documentation détaillée et une proposition d'adhésion, téléphonez vite au

**01 44 89 93 93**
(du lundi au samedi entre 10 h et 18 h)

...ou rendez-nous visite sur notre site Internet http://www.ffrp.asso.

Vous pourrez ainsi réfléchir sur les conditions d'accès à la RandoCarte et décider en toute liberté.

A très bientôt !

**FFRP**
**F**édération **F**rançaise de la **R**andonnée **P**édestre

# BIBLIOGRAPHIE

## Connaissance de la région
- Le Patrimoine des Communes de France, *Le Patrimoine des Communes de la Nièvre*, éd. Flohic Editions.
- CAMOSINE, *Nièvre vert pays des eaux vives* et revues *Les Annales des Pays Nivernais*.
- *Nivernais-Morvan*, éd. Christine Bonneton.
- Charrier (J-B), *Géographie de la Nièvre*, CRDP de l'Académie de Dijon.
- Sous la direction de Leguai (A) et Charrier (J-B), *Histoire du Nivernais*, EUD.
- Renault (N), *Les Nourrices du Morvan*, éd. association « Nourrices du Morvan ».
- Drouillet (J), *Folklore du Nivernais-Morvan*, éd. Bernadat Luzy.
- Colas (R), *Le guide des châteaux de France, Nièvre*, éd. Hermé.

## Guides touristiques de la région
- Guides bleus, *Bourgogne*, éd. Hachette
- Guides verts, *Bourgogne-Morvan*, éd. Michelin
- Guides Gallimard, *Nièvre*, éd. Gallimard
- Guides Gallimard, *Parc Naturel Régional du Morvan*, éd. Gallimard
- Guides du Routard, *Bourgogne-Franche-Comté*, éd. Hachette
- Le Petit Futé, *Nevers*, éd. Nouvelles Editions de l'Université

## Cartes et guides de randonnée
- Cartes IGN au 1 : 25000 : 2522 O et E, 2523 O et E, 2524 E, 2525 E, 2526 O, 2622 E et O, 2623 E et O, 2624 O et E, 2625 O et E, 2722 O, 2723 O et E, 2724 O et E, 2725 E, 2726 E, 2823 E, 2825 O, 2826 O.
- Cartes IGN au 1: 100 000 : n° 36.
- Cartes IGN au 1 : 50 000 : « *Nivernais* », réf. 82008, « *Nivernais-Morvan* », réf. 83014.
- Carte Michelin au 1 : 200 000 : n° 243.

- *Le Morvan, 30 circuits de petite randonnée et 5 circuits de week-end*, éd. Chamina.

- Editions Randonièvre
*Balades en Haut-Nivernais*
*Balades au Pays des Amognes*
*Les Randonnées d'Essie*
*Balades entre Loire et Allier*
*Balades entre Val de Loire, Puisaye et Donziais*
*Balades et randonnées entre Loire et Bertranges*
*Balades et randonnées en Sud Morvan*
*Entre Loire et Morvan*

Pour connaître la liste des Topo-guides® édités par la FFRP, demander notre catalogue gratuit au Centre d'information de la FFRP (voir « Où s'adresser ? » p. 15).

## REALISATION

La création des circuits a été assurée par les offices de tourisme, les syndicats d'initiatives, les communes, les diverses associations de randonneurs, le Parc Naturel Régional du Morvan, et notamment avec le concours de Randonièvre.

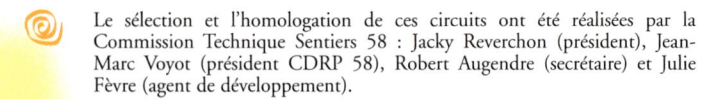

Le sélection et l'homologation de ces circuits ont été réalisées par la Commission Technique Sentiers 58 : Jacky Reverchon (président), Jean-Marc Voyot (président CDRP 58), Robert Augendre (secrétaire) et Julie Fèvre (agent de développement).

Le balisage des circuits décrits dans ce topo-guide est assuré par les baliseurs officiels des associations adhérentes du CDRP 58.
Une aide financière du Conseil Général de la Nièvre est allouée à cet effet.

La viabilisation des itinéraires balisés est réalisée par les communes.

Les infos pratiques ont été rédigées par Anne-Marie Minvielle et la FFRP.

La description des itinéraires a été réalisée par Julie Fèvre en concertation avec R. Augendre, A. Bailly, Y. Billebeau, B. Boizard, C. Caro-Martin, J. Laudet, M. Lereste, D. Marteaux, J. Martinet, M. Moisdon, B. Régnier, J. Reverchon, D. Rosensthiel, J. Swistowsky, A.Vernusse, J.Viallefont.

La rédaction des articles thématiques est l'œuvre de Julie Fèvre.
Le texte de découverte de la région a été rédigé par M. Jean-Louis Balleret.

Les photographies proviennnent du Conseil général de la Nièvre (CG 58) : Emmanuel Darnault (E.D./CG 58, Service du Patrimoine et des Musées), Stéphane Lebreton (S.L.) ; de la Camosine (Fabrice Cario) ; du Comité départemental du tourisme de la Nièvre (CDT Nièvre) : Jérôme Leroy (J.L.), L. Baudoin (L.B.), André Chastel (A.Ch.), André Courtois (A.C.) ; de Randonièvre : Régis Lelièvre (R.L.) ; des Amis du Vieux Guérigny (A.V.G.) ; de la mairie de Sauvigny-les-Bois : Philippe Maltaverne (P.M.), de Dominique Marillier (D.M.) ; des Amis de Jules Renard : Bruno Reyre (B.R.) ; du Pays d'accueil touristique du Canal du Nivernais (PATCN) : Régis Lelièvre (R.L.) ; du Parc naturel régional du Morvan (PNRM) : Alain Millot (A.M.), Eric Fédoroff (E.F.) ; de Bibracte (SAEMN du Mont-Beuvray) : Antoine Maillier ; du Pays d'accueil du Sud Morvan (PASM) ; de Danielle Pouvel (D.P.) ; de Patrick Leriget (P.L.), de Julie Fèvre (J.F.) et de Stéphane Jean-Baptiste.
Remerciements à tous ces organismes ou particuliers pour leur contribution.

Les dessins sont de Nathalie Locoste (N.L.) et Pascal Robin (P.R.).

Montage du projet, direction des collections et des éditions : Dominique Gengembre. - Secrétariat d'édition : Philippe Lambert, Nicolas Vincent, Janine Massard. Cartographie : Olivier Cariot, Frédéric Luc. - Mise en page et suivi de la fabrication : Jérôme Bazin, Delphine Sauvanet, Marie Décamps. - Lecture et corrections : Brigitte Bourrelier, Jean-Pierre Feuvrier, Elisabeth Gerson, Marie-France Hélaers, Anne-Marie Minvielle, Hélène Pagot, Gérard Peter, Michèle Rumeau.

Création maquette : Florelle Bouteilley, Isabelle Bardini – Marie Villarem, FFRP.

Les pictogrammes et l'illustration du balisage ont été réalisés par Christophe Deconinck, exceptés les pictogrammes de jumelles, gourde et lampe de poche qui sont de Nathalie Locoste.

**Cette opération a été financée par la FFRP et par le Comité départemental de la randonnée pédestre de la Nièvre, grâce à la participation du Conseil général de la Nièvre, du Conseil régional de Bourgogne et de l'Etat dans le cadre du Contrat de Plan, et de l'Union européenne (FEDER).**

# Pour découvrir la France à pied®

*Vous venez de découvrir un topo-guide de la collection "Promenade et Randonnée". Mais savez-vous qu'il y en a plus de 200, répartis dans toute la France, à travers...*

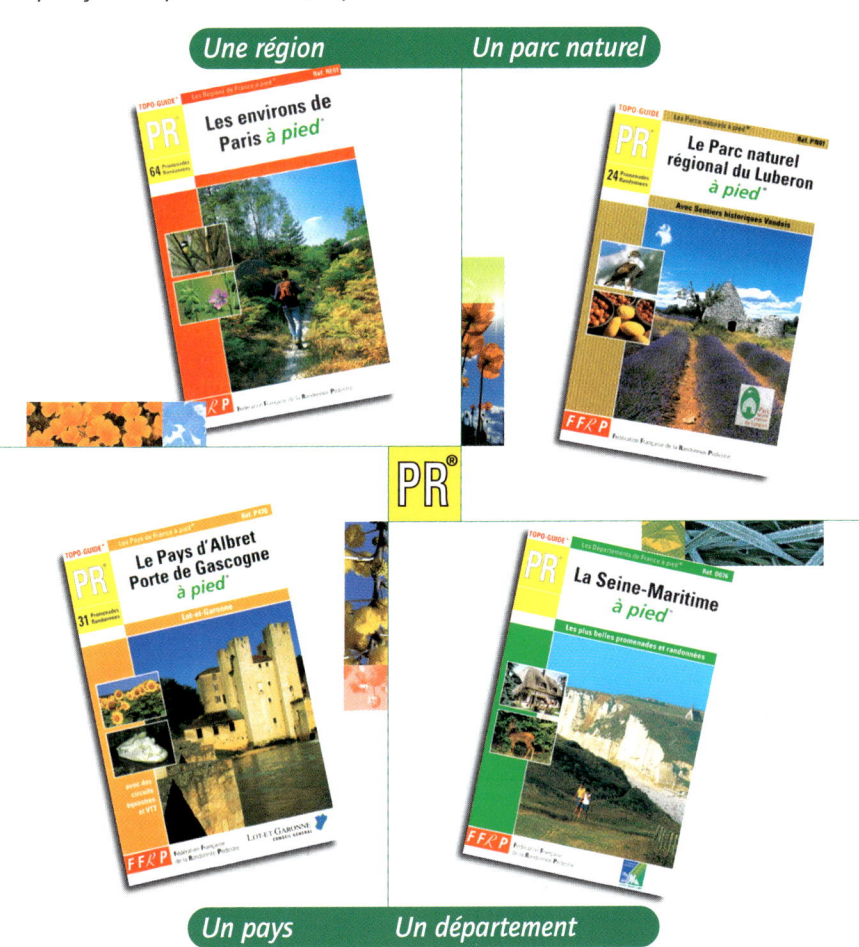

**Une région** — Les environs de Paris à pied®

**Un parc naturel** — Le Parc naturel régional du Luberon à pied®

**Un pays** — Le Pays d'Albret Porte de Gascogne à pied®

**Un département** — La Seine-Maritime à pied®

Pour choisir le topo-guide de votre région ou celui de votre prochaine destination vacances, demandez le catalogue gratuit de toute la collection au
**Centre d'Information de la Randonnée 14, rue Riquet - 75019 Paris - tél. : 01 44 89 93 93**

ou consulter le site
**www.ffrp.asso.fr**
Les nouvelles parutions y sont annoncées tous les mois

# INDEX DES NOMS DE LIEUX

**A**
- Alligny-en-Morvan ........91
- Alluy ................75
- Anthien ..............63
- Asnan ................61

**B**
- Baye .................71
- Beuvray (mont) .......97
- Biches ...............75
- Bouhy ................23
- Brinay ...............75
- Brinon-sur-Beuvron ...61

**C**
- Champallement ........69
- Champvoux ............33
- Chaulgnes ............33
- Chasnay ..............31
- Château-Chinon .......93
- Châtillon-en-Bazois ..75
- Chevroches ...........55
- Coeuson ..............83
- Collancelle (La) .....71
- Corbigny .............65

**D**
- Dampierre-sous-Bouhy ..23
- Donzy ................27
- Donzy-le-Pré .........27
- Dun-les-Places .......85

**F**
- Fermeté (La) .........49

**G**
- Gimouille ............51
- Glux-en-Glenne .......97
- Grand Soury (Le) .....33
- Grenois ..............61

**J**
- Jailly ...............73

**L**
- Larochemillay .......103
- Livry ................53

- Lormes ...............81
- Luzy ................105

**M**
- Machine (La) .........79
- Mhère ................87
- Montsauche-les-Settons ..89
- Moulins-Engilbert ....95

**N**
- Neuffontaines ........63
- Neuilly ..............69
- Nevers ...........39, 43

**O**
- Oudan ................59
- Ouroux-en-Morvan .....83

**P**
- Parigny-les-Vaux .....35
- Pouilly-sur-Loire ....29
- Prémery ..............77
- Préporché ............99

**S**
- Sainte-Marie .........73
- Saint-Andelain .......29
- Saint-Honoré-les-Bains ..99
- Saint-Lay ............31
- Saint-Père ...........25
- Saint-Pierre-le-Moûtier ..53
- Saint-Révérien .......69
- Sauvigny-les-Bois ....47
- Savigny-Poil-Fol ....107
- Settons (Les) ........89

**T**
- Tannay ...............57
- Taconnay .............61
- Ternant .............107

**U**
- Urzy .................37

**V**
- Varzy ................59
- Vaux .................71
- Villemoison ..........25

Compogravure : MCP, Orléans
Impression : Oberthur, Rennes